Ich bin da

Religion 1
Lehrerhandbuch

Mit Kopiervorlagen

Erarbeitet von
Friedrich Fischer, Wolfgang Gies,
Monika Oesterwind, Peter Ueter

Illustriert von
Dorothea Cüppers, Julia Flasche

Auer Verlag GmbH

Das gesamte Lehrerhandbuch können Sie unter
folgender ISBN bestellen: 978-3-403-0**3825**-2

Gedruckt auf umweltbewusst gefertigtem, chlorfrei gebleichtem
und alterungsbeständigem Papier.

1. Auflage. 2007
Nach den seit 2006 amtlich gültigen Regelungen der Rechtschreibung
© by Auer Verlag GmbH, Donauwörth
Alle Rechte vorbehalten
Das Werk und seine Teile sind urheberrechtlich geschützt. Jede Nutzung in
anderen als den gesetzlich zugelassenen Fällen bedarf der vorherigen schriftlichen
Einwilligung des Verlages. Hinweis zu § 52 a UrhG: Weder das Werk noch seine
Teile dürfen ohne eine solche Einwilligung eingescannt und in ein Netzwerk eingestellt
werden. Dies gilt auch für Intranets von Schulen und sonstigen Bildungseinrichtungen.
Umschlagfoto: Volker Minkus, MINKUSIMAGES
Gesamtherstellung: Ludwig Auer GmbH, Donauwörth
Best.-Nr. 8144

www.auer-verlag.de

Inhalt

Einleitung

Zur Arbeit mit dem Unterrichtswerk 4
Methodenalmanach 11

1. Ich

Darum geht es 21
Prozess-Schritte: Übersicht 22
So gehen wir günstig vor 24
Materialien 27

2. Gott suchen

Darum geht es 41
Prozess-Schritte: Übersicht 42
So gehen wir günstig vor 44
Materialien 48

3. Ich – du – wir

Darum geht es 53
Prozess-Schritte: Übersicht 54
So gehen wir günstig vor 56
Materialien 61

4. Sehen lernen

Darum geht es 69
Prozess-Schritte: Übersicht 70
So gehen wir günstig vor 72
Materialien 76

5. Advent

Darum geht es 83
Prozess-Schritte: Übersicht 84
So gehen wir günstig vor 86
Materialien 90

6. Jesus von Nazaret

Darum geht es 99
Prozess-Schritte: Übersicht 100
So gehen wir günstig vor 102
Materialien 105

7. Die Bibel

Darum geht es 113
Prozess-Schritte: Übersicht 114
So gehen wir günstig vor 116
Materialien 121

8. Gott ruft Menschen

Darum geht es 127
Prozess-Schritte: Übersicht 128
So gehen wir günstig vor 130
Materialien 133

9. Beten lernen

Darum geht es 139
Prozess-Schritte: Übersicht 140
So gehen wir günstig vor 142
Materialien 147

10. Schöpfung

Darum geht es 155
Prozess-Schritte: Übersicht 156
So gehen wir günstig vor 158
Materialien 163

11. Jesus erzählt

Darum geht es 171
Prozess-Schritte: Übersicht 172
So gehen wir günstig vor 174
Materialien 178

12. Kirche

Darum geht es 185
Prozess-Schritte: Übersicht 186
So gehen wir günstig vor 188
Materialien 192

Die Umsetzung der verbindlichen Unterrichtsgegenstände des Lehrplans in „Ich bin da 1" 199

Quellenverzeichnis 202

Einleitung

Zur Arbeit mit dem Unterrichtswerk

Unter dem bewährten Titel *Ich bin da* erscheint ein von Grund auf neu entwickeltes Unterrichtswerk für den katholischen Religionsunterricht (RU) an Grundschulen. Neue Lehrpläne und veränderte schulische Rahmenbedingungen haben Lernvoraussetzungen geschaffen, die eine Neufassung nahelegten. Durch Praxisnähe und ein innovatives Konzept will das Unterrichtswerk die zentralen Anliegen des Faches kindgemäß elementarisieren, Inhaltskontinuität für den RU über die gesamte Grundschulzeit sicherstellen und der Lehrkraft die mühsame Steinbrucharbeit bei der täglichen Planung von Religionsstunden erleichtern.

Wie muss ein zeitgemäßes Religionsbuch gestaltet sein?

1. Praxisnah, konkret und alltagstauglich, sodass dem Unterrichtenden die Handhabung leichtfällt und zahlreiche differenzierte Lernmöglichkeiten für jede Lerngruppe bereithält.
2. Ansprechend und anregend, sodass Kinder in spannende Lernlandschaften geführt werden und das Buch immer wieder mit wachsendem Interesse aufschlagen.
3. Lehrplankonform und den Lehren der katholischen Kirche verpflichtet, gleichzeitig fachdidaktisch aktuell, situativ flexibel und direkt in die Schulwirklichkeit integrierbar.

Zu 1: Unser Konzept ist bemüht, diesen Anliegen soweit wie möglich gerecht zu werden, wohl wissend, dass ein Buch allein nicht in der Lage ist, die vielseitigen Gestaltungsmöglichkeiten eines aktuellen Religionsunterrichtes zu repräsentieren. Zwölf Unterrichtsreihen werden aufeinander aufbauend konzipiert, zu deren sechs Unterrichtssequenzen jeweils eine klare Verlaufsidee mit konkreten Leitmedien und differenzierten Lernmöglichkeiten im Lehrerhandbuch angeregt wird. Die Lehrkraft kann sich auf die im Lehrerhandbuch vorgezeichneten Lernwege in der Praxis jederzeit verlassen. Alle notwendigen Kopiervorlagen und Liederblätter sind in diesem Band enthalten. Zum Einsatz von Impulsmaterialien finden Sie an den entsprechenden Stellen Hinweise. Eine Auswahl an Folien und Liedern werden in dieser Lehrwerksreihe angeboten.
Die Kommentare (kurz: *Darum geht es*) konzentrieren sich auf die wesentlichen Aspekte und sind so strukturiert dargestellt, dass sich die Lehrkraft schnell einen Überblick verschaffen kann. Daneben gibt das Konzept durchgängig Anregungen für Lernmöglichkeiten ohne das Buch und lässt viel Raum für eigene Ideen, ohne die Grundstruktur einer Unterrichtsreihe verlassen zu müssen.

Zu 2: Der Lernprozess wird stringent aus elementaren Anfängen über die gesamte Grundschulzeit sowohl inhaltlich als auch methodisch entwickelt und systematisch verdichtet. Bei der Gestaltung der Schülerbücher wurde großen Wert auf Darstellungen aus der Kinderperspektive gelegt. Liebevoll gemalte Erzählbilder und fantasievoll gestaltete Illustrationen stehen neben Kunstobjekten und Fotografien, um Kinder vielseitig anzusprechen. Kurze Texte aus der Kinderliteratur werden dem Lesealter entsprechend korrelativ verwoben mit Psalmen, Gebeten und biblischen Geschichten. Jede Seite überrascht mit neuen Perspektiven und lädt zum Betrachten und Entdecken ein. Die notwendigen methodischen Erschließungshilfen werden im Lehrerhandbuch konkret aufbereitet und schaffen differenzierte, handlungsorientierte Lernmöglichkeiten für alle Kinder vom Erzählkreis bis zur Freiarbeit.

Zu 3: Die Inhalte entsprechen den gültigen Lehrplänen und orientieren sich an der aktuellen Fachdidaktik. Dabei werden die komplexen Vorgaben in einem überschaubaren Raster reduziert, sodass die theologischen Perspektiven, inhaltlichen Vernetzungen und religionspädagogischen Leitlinien klar sichtbar werden und eine sichere Orientierung gewährleisten.
Unter dem Dach der Korrelationsdidaktik und dem Prinzip der Mehrdimensionalität von Wirklichkeit wird der Symboldidaktik mit ihrem Erfahrungsschatz viel Raum gewährt.
Ziel ist eine reifende Religiosität in reifenden Persönlichkeiten auf dem Fundament der jüdisch-christlichen Glaubensüberlieferung.

Das Unterrichtswerk hat eine klare Grundstruktur

Das Unterrichtswerk stellt den vier Jahrgangsstufen der Grundschule entsprechend vier Schülerbücher und jeweils ein ausführliches Lehrerhandbuch bereit. Band 1 enthält zwölf Kapitel. Für jedes Kapitel findet die Lehrkraft eine ausgearbeitete Unterrichtsreihe zu einem zentralen Thema. Jede Reihe besteht aus sechs Unterrichtssequenzen. Eine Sequenz versteht sich als inhaltliche Einheit, die den Lernprozess eines Kapitels um einen wesentlichen Schritt weiterführt. Sie ist meist als eine Stundenidee beschrieben, muss aber nicht auf 45 Minuten beschränkt bleiben.

Jedes Kapitel im Schülerbuch hat eine gleichbleibende Grundstruktur

Titelseite:
Sie dient als Leitmedium, mit dem ein Kapitel in der Regel eröffnet und in den Sinnhorizont der Kinder gebracht wird.

1. Doppelseite:
Sie ist Leitmedium für eine weitere Unterrichtssequenz und repräsentiert einen wesentlichen Teilaspekt des jeweiligen Themenbereiches.

2. Doppelseite:
Hier finden sich meist Text- und/oder Bildimpulse zu einem der Lernschritte, die den Lernprozess zur Glaubensdimension hin verdichten.

Schlussseite:
Am Ende wird das Kapitel in der Regel mit einem Lied oder einer konkreten Gestaltungsidee abgerundet.

Beispieltabelle:

Jedes Kapitel wird also auf sechs Buchseiten entfaltet, jedoch werden in der Regel nur vier der vorgesehenen sechs Sequenzen unmittelbar mit dem Schülerbuch erarbeitet. Die beiden übrigen Sequenzen eines Kapitels werden im Lehrerhandbuch mit variablen Leitmedien (z. B. Arbeitsblätter, Folien, Anschauungsobjekte) und ganzheitlichen Lernformen (z. B. Spielkreis, Freiarbeit, außerschulische Lernorte) gefüllt. Dadurch wird das Methodenrepertoire wesentlich differenzierter. Es wird Raum geschaffen für grundschulgemäße Gestaltungsmöglichkeiten über das auf Bild und Text beschränkte Printmedium hinaus, ohne den Duktus der Reihe zu unterbrechen. Gleichzeitig bieten sich hier günstige Nahtstellen für eigene Ideen, Ergänzungen oder Vernetzungen mit Nachbarthemen an.

Das Schülerbuch bleibt so in Begleitung des Lehrerhandbuchs der eigentliche Schrittmacher, auch wenn es zwischendurch ab und zu zur Seite gelegt werden kann.

Kapitel	Prozess-Schritte	Methoden	Medien	
			Leitmedium (z. B.)	Begleitmaterial (z. B.)
1. sehen + entdecken	Beobachtungen, die aufmerksam und neugierig machen und in einen Themenbereich einführen.	Wir hören uns um. Was gibt es zu dem Thema zu sehen, zu beobachten, zu begreifen und zu erfahren?	Schülerbuch Seite XX	Sonstige Arbeitsmittel
2. fragen + finden	Kleine und große Fragen führen weiter, auch wenn nicht auf alles gleich eine Antwort gefunden wird.	Wir forschen weiter, sammeln Fragen zu unseren Entdeckungen und suchen gezielt Antworten.	Lehrerhandbuch (MX) Seite XX	MX: Arbeitsblatt
3. hören + sagen	Geschichten von nah und fern regen zum Nachdenken an und bringen neue Sichtweisen ins Spiel.	Wir schauen in Bücher, hören/lesen Geschichten, sprechen darüber und gestalten dazu.	Schülerbuch Seite XX	MX: Erzählvorlagen, weitere Texte
4. träumen + trauen	Fantasien, Assoziationen und Träume regen an, Visionen fordern heraus und machen Mut.	Wir geben der Fantasie viel Raum, vertrauen uns gegenseitig unsere Träume und Ideen an.	Schülerbuch Seite XX	MX: Impulskarten
5. glauben + (be)kennen	Gefragt sind Inhalte und Informationen, die zur Meinungsbildung beitragen und dabei helfen, eigene Glaubenshaltungen aufzubauen.	Wir lernen auf unterschiedlichen Wegen von Gott und der Welt und bilden uns eine eigene, begründete Meinung.	Lehrerhandbuch (MX) Seite XX	Lernkartei
6. leben + gestalten	Was beschäftigt uns weiter? Was fangen wir damit an? Was nehmen wir uns vor?	Wir singen, schreiben, spielen, malen und gestalten ein Stück unseres (Schul-)Lebens miteinander.	Schülerbuch Seite XX	CD

Das Lehrerhandbuch ist praxisnah strukturiert

Jedem Kapitel ist eine Einführungsseite *Darum geht es* vorangestellt mit einer *theologischen Perspektive* für das Unterrichtsvorhaben, orientierenden *religionspädagogischen Leitlinien*, dem Kerngedanken des *Lernanliegens* und einer Beschreibung des zu erwartenden *Lernertrags* am Ende der Reihe.

Auf der folgenden Doppelseite *Prozess-Schritte: Übersicht* wird das Kapitel dann im Ganzen tabellarisch aufgelistet, damit sich die Lehrkraft schnell einen Überblick über den gedachten Lernweg der Reihe mit seinen sechs Schwerpunkten, das Methodenrepertoire, die entsprechenden Leitmedien und sonstige Begleitmaterialien verschaffen kann.

Die Tabelle auf Seite 5 versteht sich als Muster und charakterisiert die einzelnen Spalten hier zunächst allgemein. Sie werden später zu jedem Kapitelthema inhaltlich konkretisiert.

In den anschließenden Ausführungen *So gehen wir günstig vor* wird die Planungsidee zu jeder der sechs Sequenzen ausführlich vorgestellt. Dabei werden die Leitmedien besprochen, ein denkbarer Stundenverlauf anhand der vorgesehenen Lernmöglichkeiten für die Kinder skizziert und ggf. durch entsprechende Alternativen und Differenzierungsvorschläge ergänzt. Dabei bleibt genügend Raum für eigene Ideen und Variationen im Hinblick auf die tatsächlichen Lernvoraussetzungen und situativen Gegebenheiten und natürlich auch für eigene Vorlieben.

Gezielte Anlagen erleichtern die Unterrichtsvorbereitung

Alle notwendigen Folien, Kopiervorlagen und zahlreiche differenzierte Impulsmaterialien, die in der letzten Spalte der Tabelle aufgelistet sind, werden in der Lehrwerksreihe bereitgestellt. Die Arbeitsblätter und Kopiervorlagen finden Sie im Materialteil der Kapitel (M). Eine Liedauswahl finden Sie auf der CD, die Folien im Folienband.

Die Arbeitsblätter sind speziell für die Arbeitsmappen der Schüler einheitlich gestaltet. Die als Begleitmaterial angeregten konkreten Anschauungsobjekte oder Arbeitsmaterialien sind in der Regel in der Schule vorhanden oder leicht zu beschaffen.

Die Inhalte werden mit Qualifikationen verflochten

Die komplexen Vorgaben der Lehrpläne auf der Basis des Grundlagenplans der Deutschen Bischofskonferenz verlangen eine inhaltliche Konkretisierung. Dabei bündelt *Ich bin da* die Bereiche des Faches thematisch und vernetzt sie. Denn es werden konkrete Qualifikationserwartungen vorgeschrieben, die die Schüler bei der themenbezogenen Arbeit im RU erwerben sollen. Außerdem webt *Ich bin da* systematisch die allgemeinen Qualifikationen und die Themenbereiche des Faches mit ihren Zieldimensionen in die Kapitel des Unterrichtswerkes ein.

In den einzelnen Sequenzen jedes Kapitels finden sich die Themenaspekte des Lehrplans über die ersten beiden Schuljahre verteilt, sinnvoll miteinander vernetzt und aufeinander aufbauend wieder. Großen Wert wird gelegt auf elementare Anfänge im Sprechen von und mit Gott, auf die erste Begegnung mit der Person Jesu, auf den Zugang zur biblischen Überlieferung und auf die Hinführung der Kinder in den oft fremden Erfahrungsraum Kirche. Korrelativ gegenüber steht die Grundorientierung der Kinder in ihrer Erfahrungswelt, in der sie lernen müssen, sich als Individuen im sozialen Spannungsgefüge einzuordnen, um miteinander eine aufregend abenteuerliche Welt zu entdecken und mitzugestalten.

Die Themenbereiche sind überschaubar vernetzt:

Um die Themenbereiche des Lehrplans überschaubar zu halten, wurden sie auf sechs inhaltlich bestimmte Gegenstandsbereiche als zentrale Knotenpunkte eines Netzes konzentriert: ICH – GOTT – ANDERE – KIRCHE – WELT – BIBEL. Aus diesen Schlüsselbegriffen lassen sich alle anderen Bereiche und Themenaspekte wieder ableiten und miteinander vernetzen, sodass die Konzentration keine inhaltliche Reduktion bedeutet, sondern die Übersicht erheblich erleichtert (s. S. 7).

Auf einen Blick wird die innere Stringenz der Reihen auf der vertikalen wie horizontalen Achse transparent und die thematische Nähe ihrer einzelnen Sequenzen zu den jeweiligen Nachbarfeldern sichtbar. Dabei ergänzen sich auch die links und rechts außen liegenden Felder wieder gegenseitig. Die Korrelation ist integriert in ihrer Wechselbeziehung zwischen der oberen Titelleiste (ICH – ANDERE – WELT) und unteren (GOTT – KIRCHE – BIBEL).

Die thematische Abfolge der einzelnen Kapitel sollte nicht ohne triftigen Grund verändert werden, da sie inhaltlich wie methodisch aufeinander aufbauend konzipiert wurden, auch wenn sie hier zur besseren Übersicht zunächst nicht chronologisch den Schlüsselbegriffen zugeordnet sind. Dabei wird der Zeitrahmen besonders in Hinblick auf die Kapitel 4 *Sehen lernen* und 5 *Advent* dem Kirchenjahr angepasst werden müssen. Der Weg von der Stilleübung zur Gebetsfähigkeit wird erst im 9. Kapitel thematisiert. Hier sind jedoch entsprechende Vorübungen von Anfang des Schuljahres an kontinuierlich vorgesehen.

Die sechs Prozess-Schritte jedes Kapitels folgen einem stringenten Lernalgorithmus

Die plakativen Doppelbegriffe (z. B. sehen + entdecken), mit denen die Qualifikationen bündig überschrieben sind, sind bewusst schillernd gewählt, um dynamische Spannungsfelder zwischen den Schlüsselqualifikationen und den Intentionen des Faches zu

Ich bin da – Religion 1	Inhalts- und Zieldimensionen (s. GLP und LP)					
Lebensbereiche >	**ICH**		**ANDERE**		**WELT**	
Prozess-Schritte	**1. Ich**	**2. Gott suchen**	**3. Ich – du – wir**	**5. Advent**	**6. Jesus von Nazaret**	**7. Bibel**
1 sehen + entdecken	1. Sequenz	1. Sequenz	1. Sequenz	1. Sequenz	1. Sequenz	1. Sequenz
2 fragen + finden	2. Sequenz	2. Sequenz	2. Sequenz	2. Sequenz	2. Sequenz	2. Sequenz
3 hören + sagen	3. Sequenz	3. Sequenz	3. Sequenz	3. Sequenz	3. Sequenz	3. Sequenz
4 träumen + trauen	4. Sequenz	4. Sequenz	4. Sequenz	4. Sequenz	4. Sequenz	4. Sequenz
5 glauben+(be-)kennen	5. Sequenz	5. Sequenz	5. Sequenz	5. Sequenz	5. Sequenz	5. Sequenz
6 leben + gestalten	6. Sequenz	6. Sequenz	6. Sequenz	6. Sequenz	6. Sequenz	6. Sequenz
Glaubensdimension >		**GOTT**		**KIRCHE**		**BIBEL**

Ich bin da – Religion 1	Inhalts- und Zieldimensionen (s. GLP und LP)					
Lebensbereiche >	**ICH**		**ANDERE**		**WELT**	
Prozess-Schritte	**9. Beten**	**8. Gott ruft Menschen**	**4. Sehen lernen**	**12. Kirche**	**10. Schöpfung**	**11. Jesus erzählt**
1 sehen + entdecken	1. Sequenz	1. Sequenz	1. Sequenz	1. Sequenz	1. Sequenz	1. Sequenz
2 fragen + finden	2. Sequenz	2. Sequenz	2. Sequenz	2. Sequenz	2. Sequenz	2. Sequenz
3 hören + sagen	3. Sequenz	3. Sequenz	3. Sequenz	3. Sequenz	3. Sequenz	3. Sequenz
4 träumen + trauen	4. Sequenz	4. Sequenz	4. Sequenz	4. Sequenz	4. Sequenz	4. Sequenz
5 glauben+(be-)kennen	5. Sequenz	5. Sequenz	5. Sequenz	5. Sequenz	5. Sequenz	5. Sequenz
6 leben + gestalten	6. Sequenz	6. Sequenz	6. Sequenz	6. Sequenz	6. Sequenz	6. Sequenz
Glaubensdimension >		**GOTT**		**KIRCHE**		**BIBEL**

erzeugen. Ihre Reihung ist nicht zufällig, sondern basiert auf einer konsequenten Schrittfolge (Lernalgorithmus), die dem natürlichen Lernprozess einer Lerngruppe nachgeht und dabei folgende sechs qualifizierende Lerndimensionen mit wachsender Intensität durchläuft.

1. sehen + entdecken

Wichtigste Lernmöglichkeit zum Erschließen und Begreifen der Welt um uns herum ist die eigene Wahrnehmung. Das Sehen und Entdecken mit möglichst vielen Sinnen in der unmittelbaren Lebenswirklichkeit ist deshalb jeweils Schwerpunkt der ersten Sequenz als Ausgangspunkt und Grundlage einer neuen Themenreihe.

2. fragen + finden

Aus der Begegnung mit dem zu untersuchenden Lerngegenstand erwachsen im zweiten Schritt Neugier und Interesse an der Sache. Es werden Fragen geweckt und Antworten gesucht. Bei diesem Wechselspiel wird die Wahrnehmung flexibilisiert und die Konfrontation durch weitere Lernimpulse erhöht. Die Kinder denken sich in die Thematik ein und entnehmen ihr zunehmend eigene Lernanliegen. Der Gedankenaustausch im Gespräch erweitert den Erfahrungshorizont, Fragen werden präzisiert und Informationen gezielt gesucht, die Problemsicht geschärft.

3. hören + sagen

Diese Auseinandersetzung wird in der dritten Sequenz weiter angereichert durch das, was man vom „Hörensagen" weiß, was einzelne Kinder selbst zu sagen wissen und auf der ersten Ebene inhaltlicher Konkretisierung einzubringen vermögen. Die gezielte Suche nach Auskunft im Nahbereich oder das Aufsuchen außerschulischer Lernorte führt dann zu Aussagen anderer Menschen, überliefert in Bildern, Berichten, Erzählungen, Gedichten oder biblischen Urkunden, aus denen man Neues erfahren und wertvolle Rückschlüsse für sich ziehen kann.

4. träumen + trauen

Die Konfrontation mit den Sichtweisen anderer Menschen zwingt in nächster Konsequenz zur verstärkten inneren Auseinandersetzung. Was man bisher aus seiner subjektiven, vielleicht naiven Sicht von einer Sache hielt, muss nuanciert, aufgegeben oder im Gespräch verteidigt werden. Neue Gedankenkonstrukte entstehen im Kind auf der Suche nach Lösungen. Jetzt braucht es Zeit zum Träumen und Fantasieren, um das Neue mit bisherigen lieb gewonnenen Vorstellungen zu harmonisieren. Neue Einsichten wollen reifen, bis sie integriert werden – vor allem in Glaubensfragen. Zutrauen in die eigenen Kompetenzen und in Zeugnisse anderer sind Voraussetzung zum Aufbau eines eigenen Meinungsbildes.

5. glauben + (be)kennen

In dieser Sequenz geht es um Glaubenszuspruch meist aus der biblischen Überlieferung und um verlässliche Aussagen glaubwürdiger Zeugen. Kenntnisse aus der Welt des Glaubens und unmittelbare religiöse Erfahrungen sind der Nährboden reifender Religiosität. Das erste bekennende Sprechen des Kindes soll Gehör finden und aus der Glaubensüberlieferung verstärkt werden. Die im RU gewonnenen Sichtweisen reifen über die Aneignung von Deutungswissen hinaus zu eigener Überzeugung. Sie helfen, langfristig eine subjektiv begründete Haltung aufzubauen im Blick auf das eigene Glaubensbekenntnis und sich im Sinnhorizont der christlichen Überlieferung (rekonstruktiv) einzuordnen.

6. leben + gestalten

Der letzte Schwerpunkt ist die Integration des Gelernten in den Lebenskontext zur Aneignung auf Probe. Angeregt werden in dieser Sequenz konkrete Gestaltungsmöglichkeiten – meist im unmittelbaren Lebensumfeld. Fachspezifische Fähigkeiten werden eingeübt und angewandt, Ausdrucksmöglichkeiten und elementare Formen des gemeinsamen Lernens, Singens, Gestaltens, Feierns und Betens angeregt, die sowohl den RU und das Schulleben als auch das eigene Lebensgefühl des Kindes insgesamt bereichern und zur bewussten christlichen Gestaltung und Prägung eigener Lebensräume beitragen wollen.

Der Lernalgorithmus ist ein natürlicher Wachstumsprozess von innen

Der Lernweg wird in diesen konkreten Schritten in jeder Sequenz gegangen. Er wird verstanden als ein Wachstumsprozess, der wie die Anordnung der Lebensringe eines Baumes von innen nach außen gelesen und gedacht werden muss. Dabei wird ein Lernmittelpunkt aus der Erfahrungswelt der Kinder aufgegriffen und ringförmig zur Glaubensdimension hin erweitert, um am Ende dadurch bereichert wieder auf die eigene Lebensgestaltung zurückzuwirken.

Jedem Schritt ist eine Unterrichtssequenz mit umfangreichen, differenzierten Lernmöglichkeiten gewidmet. Im Mittelpunkt jeder Sequenz steht – exemplarisch für einen Teilaspekt des Kapitels – stets ein lernrelevantes Leitmedium, an dem sich das Lernhandeln kristallisiert. Sie erhält damit eine gewisse Eigenständigkeit und kann als Modul auch mit den Nachbarfeldern vernetzt werden. Die klare Abstufung der einzelnen Lerndimensionen erleichtert es, bei Bedarf weitere Bausteine zielgenau einzupassen und dort zur Verstärkung zu positionieren, wo der nächste Lernschritt noch schwerfällt.

Jede Reihe hat einen klaren Einstieg und führt im Normalfall über die beschriebenen Teilschritte zu einem identifizierbaren, signifikanten und erlebbaren Lernertrag. Die Arbeit mit dem Unterrichtswerk läuft in diesem Duktus konstant über die gesamte Grundschulzeit, schafft bei Kindern Verhaltenssicherheit im RU, ist leicht überschaubar und auch für Kinder einsichtig strukturiert.

Wesentlicher Vorteil ist dabei, dass die einzelnen Lernschritte einer Reihe nicht zu jedem Thema grundsätzlich neu fachdidaktisch hergeleitet und begründet werden müssen, sondern im Prinzip durch lehrplankonforme Leitlinien vorgezeichnet sind, die gleichermaßen lernpsychologische Gesetze wie fachdidaktische Intentionen und gruppendynamische Prinzipien berücksichtigen.

Die Lehrkraft überblickt auf einen Blick den gesamten Inhaltskanon der einzelnen Schuljahre und wird so in die Lage versetzt, kompetent und zeitökonomisch die notwendigen Planungsentscheidungen für die jeweilige Lerngruppe zu treffen.

Gleichzeitig findet sie zu allen verbindlichen Inhalten konkret in Reihen vorstrukturierte Unterrichtsideen, Materialien und Lernangebote aus dem ganzen Spektrum des fachspezifischen Repertoires. Bei Bedarf lassen sich in diese Grundstruktur auch eigene zusätzliche Themen einpassen.

Das Schulbuch als Leitmedium

Dem Schulbuch kommt vornehmlich die Aufgabe zu, die Inhalte des Unterrichts chronologisch, übersichtlich und ansprechend zu repräsentieren. Im ersten Band überwiegen natürlich Bilder und illustrierte Texte. Dabei lassen sich etwa acht verschiedene Grundtypen der Seitengestaltung unterscheiden, die je eigene Lernmöglichkeiten bieten.

Grundtypen der Buchseiten	*Ich bin da* Band 1
1. Erzählbilder Sie wollen in ihrer vielseitigen Ausgestaltung als Sprechanreiz dienen und schaffen eine anschauliche Erzähllandschaft. Sie führen über wesentliche Teilaspekte in die Thematik ein und lassen darüber hinaus Raum zur Ergänzung und Anknüpfung eigener Vorstellungen und Erfahrungen.	S. 11 
2. Kunstbilder Sie werden durch gemeinsame Betrachtung erschlossen, zuerst auf der syntaktischen Ebene der konkreten Wahrnehmung: Was ist zu sehen? Die subjektiven Sichtweisen führen dann zur semantischen Ebene und ersten Deutungen, oft im Kontext einer biblischen Erzählung oder eines Glaubenszuspruchs. So bleibt die biblische Botschaft mit einem prägnanten Bild verankert.	S. 8–9 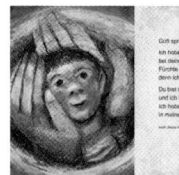
3. Dokumentationsbilder Sie liefern repräsentative Ansichten von realen Gegenständen, von Landschaften oder Personen, denen wir im Unterricht nicht unmittelbar begegnen können, und laden zum genauen Hinsehen und Beschreiben ein. Sie lassen sich oft durch eigenes Material oder weitere Medien aus Mediotheken ergänzen.	S. 42 
4. Bildcollagen/Wortbilder Wenn nicht ein exemplarisches Bild den Lerngegenstand hinreichend repräsentieren kann, werden vielseitige Ansichten collagiert, die sich gegenseitig ergänzen oder kontrastieren. Hier wird das Gespräch gerade durch die Vielseitigkeit angeregt. Es können Vorlieben bekannt und Distanzen begründet werden. Eng verwandt damit sind Wortbilder, bei denen Assoziationen in der Alltagssprache der Kinder angeregt werden.	S. 62–63 
5. Texte/Bibelgeschichten Im Hinblick auf die spärlichen Lesefähigkeiten der Kinder in der 1. Klasse werden nur wenige, anfangs sehr kurze Textimpulse zu den Bildseiten gegeben, damit die Bilder zu sprechen beginnen und die Kinder Deutungshilfen bekommen. Längere Erzählvorlagen oder weitere Impulsmaterialien finden sich dazu im Lehrerhandbuch. Bibeltexte sollten zuerst möglichst frei erzählt, dann schrittweise – je nach Lesekompetenz – nachgelesen werden.	S. 68–69 
6. Lernlandschaften Einige Seiten strukturieren ein Lerngebiet in viele Teilaspekte (z. B. Advent wird dargestellt als Weg hin zu Weihnachten oder das Dorf in Israel bietet unterschiedliche Schauplätze in einem Landschaftsbild). So wird ein Überblick für Kinder geschaffen und der inhaltliche Zusammenhang anschaulich. Diese Bilder bieten zudem Gelegenheit, punktuell Schwerpunkte herauszugreifen oder eigene Aspekte hinzuzufügen. Sie können immer wieder aufgeschagen werden.	S. 30–31 
7. Animationsseiten Viele Seiten sollen nicht nur betrachtet werden, sondern auch zu handlungsorientierten Aufgabenstellungen animieren, auch wenn diese nicht unmittelbar formuliert werden. Dadurch bleibt ein Entscheidungsspielraum. Auf diese Weise werden Gesprächsmethoden, Meditations- und Gebetskreis oder auch Gestaltungsideen angeregt, die im Lehrerhandbuch jeweils beschrieben sind.	S. 54–55 
8. Lieder – mit Gesten Auf der letzten Kapitelseite werden oft Lieder vorgestellt, die die Kinder im Besonderen ansprechen. Sie können – einmal erarbeitet – jederzeit wieder aufgeschlagen und angestimmt werden. Die Liedtexte werden zunächst als Gedicht oder Gebet betrachtet, bevor die Melodie dazutritt. Eine Vielzahl der Lieder finden Sie auf der Begleit-CD. Kinder können sich eigene Gesten dazu ausdenken oder den Vorschlägen folgen.	S. 10 

Grundtypen der Anlagen im Lehrerhandbuch	
1. Arbeitsblätter als Kopiervorlage Sie dienen der zusätzlichen Information oder differenzierten Nacharbeit eines Themas. Sie sind – so weit wie möglich – einheitlich gestaltet, sodass im Laufe des Schuljahres daraus ein Arbeitsheft für die Kinder entsteht. Die Formate lassen sich bei Bedarf vergrößern oder verkleinern. Die meisten Schulkopierer können auch schwarzweiße Folien brennen, sodass ein Exponat in der Klasse zur besseren Verständlichkeit projiziert werden kann.	Beten lernen, S. 156
2. Erzählvorlagen zu Bibelgeschichten Zu vielen biblischen Texten bietet das Lehrerhandbuch kindgemäße Erzählvorlagen. Da nicht alle im Laufe eines Schuljahres relevanten Bibelgeschichten in Schüler- oder Lehrerhandbuch aufgenommen werden können, empfiehlt sich parallel zum Schulbuch – vor allem in späteren Jahrgangsstufen – die Arbeit mit einer Schul- oder Vollbibel im Klassensatz.	Gott ruft Menschen, S. 136
3. Zusatztexte Zu manchen Sequenzen werden – den Lernvoraussetzungen entsprechend – Textalternativen zur Auswahl gestellt, um situativ flexibel zu bleiben. Diese Zusatztexte betonen jeweils unterschiedliche Aspekte und können bei Bedarf auch mit geeigneten Geschichten aus dem eigenen Fundus ergänzt oder dagegen eingetauscht werden und gelegentlich eine Brücke zum Deutschunterricht schlagen. Für die meditative Seite des RUs stehen Stilleübungen, Fantasiereisen und Gebetsanregungen in den Anlagen zur Verfügung.	Sehen lernen, S. 81
4. Frage- und Impulskarten Zum Flankieren von Gesprächsphasen sollen die Satzstreifen mit kurzen Impulsen oder Schlüsselfragen dienen. Sie lassen sich als Folien kopiert oder auf Pappe geklebt sukzessive in ein Unterrichtsgespräch einblenden sowohl als stumme Impulse, Ausgang je einer Sprechsteinrunde oder roter Faden bei der Gesprächsmoderation. Für Kleingruppen können sie ebenso hilfreich sein wie für die Individualarbeit. Hier werden die Impulse zur Auswahl angeboten oder mehrfach kopiert in die Tischmitte gelegt. Daraus entwickelt sich ein Freiarbeitsmaterial bis zur Lernkartei.	Ich – du – wir, S. 61
5. Gestaltungsaufgaben Ideen zur Bildgestaltung oder konkrete Bastelanleitungen regen einen handlungsorientierten RU an. Sie sind als exemplarische Beispiele zu verstehen, die natürlich um eigene Ideen erweitert oder modifiziert werden können. Manche Techniken lassen sich auch auf andere Sequenzen übertragen oder mit dem Gestaltungsunterricht verbinden (Laternen, Adventsschmuck u. a.). Das notwendige Verbrauchsmaterial ist i. d. R. leicht zu beschaffen. Ratsam ist es, einige Materialien jederzeit verfügbar zu halten, etwa einen Verkleidungssack mit einfachen Requisiten, eine Malkiste mit Wachskreiden und Papiervorrat, Knete, farbige Tücher oder Kettmaterial, einige Klangwerkzeuge oder Naturmaterialien für Legebilder.	Kirche, S. 202
6. Informationsfenster Zu manchen Themen werden in Textfenstern Hintergrundinformationen zusammengefasst. Auch wenn sie nicht unmittelbar in den Unterricht einfließen, so kann jederzeit darauf zurückgegriffen werden, wenn entsprechende Fragen von Kindern aufgeworfen werden. Leistungsstarken Kindern können die Texte evtl. auch zum Selberlesen angeboten werden. Internetadressen verweisen gelegentlich auf weitere Informationsquellen – auch für Kinder.	Advent, S. 86
7. Lieder In einem lebendigen RU sind kindgerechte Lieder unverzichtbar. Neben dem Liedgut im Schülerbuch sind weitere Liedideen als Kopiervorlage im Lehrerhandbuch verfügbar, oder es wird auf entsprechende Quellen verwiesen. Die Abkürzung GL steht dabei für das Gotteslob, das möglichst in einem Klassensatz an der Schule verfügbar sein sollte. Die CD kann bei der Erarbeitung und beim Anstimmen mancher Lieder helfen.	Gott ruft Menschen, S. 137
8. Folien Die Folien können meist als Leitmedien der Sequenzen außerhalb des Schulbuches eingesetzt werden. Manche der verwendeten Kunstbilder oder ähnliche Motive können als Folie oder Dia z. B. in religionspädagogischen Mediotheken ausgeliehen werden.	Jesus erzählt, S. 186

Das Methodenrepertoire wird systematisch entwickelt

Die zentralen Methoden des RUs werden schrittweise vorgestellt und durch alle zwölf Kapitel hindurch weiterentwickelt. Manche Methoden bieten sich für die Erarbeitung einiger Themen bevorzugt an, sodass in bestimmten Kapiteln bestimmte Methoden besonders gut angewendet werden können.

In Band 1 bestehen folgende Korrespondenzen zwischen Methode und Kapitel:

1. Erfahrung von Stille und Gebet
   (Kap. 9 Beten lernen)
2. Elementare Gesprächsmethoden
   (Kap. 3 Ich – du – wir)
3. Lernformen von der Einzelarbeit (EA), Partnerarbeit (PA), Gruppenarbeit (GA) bis zur Freiarbeit
   (Kap. 3 Ich – du – wir)
4. Bildbetrachtung und bildnerische Gestaltung
   (Kap. 4 Sehen lernen)
5. Ausdrucksschulung, Erzählen, Schreiben
   (Kap. 1 Ich, Kap. 11 Jesus erzählt)
6. Texten begegnen, lesen und erschließen
   (Kap. 7 Bibel, Kap. 8 Gott ruft Menschen)
7. Pantomime, Rollen- und Szenenspiel
   (Kap. 3 Ich – du – wir, Kap. 4 Sehen lernen, Kap. 5 Advent)
8. Singen, tanzen, feiern und musizieren
   (Kap. 5 Advent)
9. Material sammeln, sich informieren, außerschulische Lernorte aufsuchen (Kap. 6 Jesus von Nazaret, Kap. 12 Kirche)
10. Anlage und Pflege einer Arbeitsmappe (Kap. 1 Ich)

Methodenalmanach

Im Folgenden werden Bausteine für den RU aufgelistet, die nicht in jedem Kapitelkommentar wieder neu beschrieben und vorgestellt werden, aber auf die immer wieder zurückgegriffen werden kann – auch über den RU hinaus.
Die Übersicht ist nach typischen Handlungssituationen des Schulalltags geordnet. Die Anforderungen an die Lerngruppe steigern sich mit jedem Baustein, sodass gleichzeitig aus der Nummerierung der Bausteine hervorgeht, welche Methode zuerst erarbeitet werden sollte. Baustein 8 stellt also i. d. R. die höchsten Anforderungen.

Methoden zur Einstimmung und Verinnerlichung

1. Einfache Stilleübung
- Minute raten
- Dornröschenschlaf
- Eine Minute Stille halten
- Dreifache große Atmung
- Augenreise/Fotografieren
- Schüler antippen
- Geräusche erlauschen (Wecker)
- Gong nachlauschen
- Atem/Herzschlag wahrnehmen

2. Ankommensübung (Musik im Hintergrund)
1. Äußerliche Ruhe einkehren lassen
2. Bequeme Haltung einnehmen/Haltung korrigieren
3. Augen schließen
4. Zur inneren Ruhe kommen
5. Innenwahrnehmung anregen (Atem)
6. Rückblick mit dem inneren Auge
7. Im Kreis der Teilnehmer ankommen
8. Augen öffnen/sich umschauen
9. Recken und strecken
10. Laut ausatmen: Ich bin da!

3. Betrachtung
Ein Gegenstand (möglichst mit thematischem Bezug zur Stunde) wird im Kreis herumgereicht oder in die Mitte gestellt (Kerze, Blume, Blatt, Saatkorn, Stein, Muschel, Kreuz, Bild, Spruchkarte …). Die erste Runde sollte still verlaufen (evtl. Hintergrundmusik). In einer zweiten Runde kann jedes Kind seinen Gedanken dazu sagen. Die Lehrkraft findet ggf. einleitende/begleitende Worte, um die Wahrnehmung zu fördern und Sprachlosigkeit zu überwinden.

4. Eröffnungsritual
- Namentliche Begrüßung im Kreis mit Handschlag
- Stille Post mit einem frohen oder stummen Gruß
- Bewegungslied/Spiel
- Erzählkreis (Blitzlicht s. S. 13)
- Ein Erlebnis vom Vortag erzählen
- Standardlied anstimmen
- Gebetsritual einführen

5. Eisbrecher
- Eisbrecher gegen Müdigkeit oder zum „Abzappeln" (z. B. Lachkanon)
- Bewegungslied
- Blitzlichtrunde „Wie geht es uns?" (s. S. 13)
- Rätsel, Witz oder Zaubertrick
- Konzentrationsspiel
- Milling (Im Raum umhergehend mit Sprechstationen/Dialog)

6. Wiesenträume
Wir suchen in der Fantasie einen besonders stillen Ort auf, an dem wir uns wohlfühlen (z. B. eine Blumenwiese oder einen tiefen Wald, eine Quelle oder einen Aussichtspunkt) und versuchen die Natur aufzusaugen, uns auf Stille einzulassen, mit geschlossenen Augen oder nur mit den Ohren zu „sehen" … Wir tauschen unsere inneren Erlebnisse aus oder hören dazu vielleicht eine passende Erzählung, wenn wir wieder zurückgekehrt sind.

7. Aufhänger
- Ein Gegenstand wird eingebracht (Blackbox), der das Thema der Stunde beinhaltet (Stein).
- Ein Produkt der Vorstunde wird in den Mittelpunkt gerückt (Spielpüppchen, Bild, Anspiel …).
- Ein Transparent mit der Übersicht zur Unterrichtsreihe wird ausgerollt (Advent).
- Eine aktuelle Schlagzeile wird besprochen (Nachrichten von …).
- Ein Brainstorming zu einem Schlüsselbegriff führt zum Stundenthema („Gott ist für mich wie …").

8. Meditation
- Tageslosung/Kurzgeschichte
- Spruchkarte/Poster
- Bibeltext
- Gebetstext (ggf. Auswahlkärtchen)
- Liedgebet (ggf. mit Gesten)
- Meditative Gegenstandsbetrachtung
- Bildbetrachtung
- Andacht halten/Wir denken in dieser Stunde besonders an …

Gesprächsmethoden

1. Blitzlicht

Zur Einstimmung, Feststellung der Augenblicksstimmung oder als Kurzrückmeldung am Ende der Stunde eignet sich ein Blitzlicht. Dabei wird ein Redestein herumgereicht. Wer im Besitz des Steins ist, darf – in möglichst nur einem Satz – seine Meinung zur Befindlichkeit oder Stimmung äußern bzw. den Stein weiterreichen mit der Bemerkung: „Ich möchte nichts sagen" (Metaebene).

2. Sprechsteinrunde

Zur Wortvergabe wird ein Stein herumgereicht (möglichst im Sitzkreis). Jeder erhält so die Gelegenheit, sich zu äußern. Wer nichts sagen möchte, sagt wenigstens, dass er nichts sagen möchte, bevor er den Stein weiterreicht.
Grundregeln: Zeitvereinbarung, Regeleinhaltung, nur einer darf sprechen, zeitlich nicht überdehnen, klare Schlüsselimpulse vorgeben.

Anmerkung: Es kann auch ein imaginärer Sprechstein weitergegeben werden.

3. Impulskarten

Vorbereitete, während des Gesprächs notierte oder gemeinsam verabredete Impulskarten werden zu Beginn oder während eines Gespräches als stumme Impulse in die Kreismitte gelegt. Sie regen neue Aspekte an oder helfen, die Gedanken zu strukturieren (Thesen, Schlüsselfragen, Überschriften, Oberbegriffe, verordnete Standpunkte, verschiedene Sprecherperspektiven …). Anstelle von Karten können auch Folien oder die Tafel eingesetzt werden.

4. Erzählspinne

Zum Nacherzählen oder Weiterspinnen einer Geschichte wird zur Wortvergabe im Erzählkreis eine „Spinne" (Softball, Tuch mit Knoten, Plastikdeckel mit Spinnenbild oder Wollknäuel) im Kreis weitergereicht oder über den Boden zugeleitet (Meldekette).

Anmerkung: Die Impulskarte „Wer findet einen Schluss?" sollte bereitliegen.

5. Brainstorming/Cluster

An einem (Gruppen-)Tisch beginnt jedes Kind, zu einem Schlüsselimpuls eine Idee aufzumalen. Im Zeittakt werden die Blätter im Uhrzeigersinn weitergereicht und ergänzt, bis jeder seinen Zettel wieder vor sich hat. Dann kann jedes Kind sein Blatt still anschauen oder ein informelles Gespräch führen.

Alternative: Zwei bis vier Kinder stehen um ein großes Papier und malen Wörter, Bilder oder Skizzen zu einem Ausgangsimpuls.

6. Murmelgruppe

Zur Auflockerung einer Frontalphase dürfen sich alle Kinder mit ihren Nachbarn in einer kleinen Gruppe leise unterhalten. Voraussetzung ist ein aktueller Sprechanlass für einen festgelegten Zeitraum und mit einem konkreten Ziel.
Die Ergebnisse müssen nicht einzeln im Plenum abgerufen werden, sondern fließen z. B. in die weitere Gesprächsrunde ein.

7. Reporterspiel

Ein Gespräch wird dadurch angeregt, dass ein „Reporter" mit Mikrofon oder Attrappe herumgeht und andere (ggf. mit Rollenzuweisungen) anspricht, befragt und um Meinungen bittet. Nach der ersten Plenumsphase werden gleichzeitig mehrere Reporter in Kleingruppen tätig. Bei Einsatz eines Aufnahmegeräts können die Beiträge später abgehört, wiederholt und ausgewertet werden.
Das Spiel muss nicht auf den Klassenraum beschränkt bleiben.

8. Bienenkorb

Eine Arbeitsgruppe versteht sich als Bienenkorb. Die „Bienen" schwärmen aus und besuchen unterschiedliche „Blümchen" (Informationsstationen oder -quellen). Nach einer verabredeten Zeit finden sich alle wieder mit ihren unterschiedlichen Teilaspekten in ihrem ursprünglichen Bienenkorb ein und tauschen sich aus.
Es kann auch zu Beginn der Übung eine „Bienenkönigin" bereits informiert sein und den Honigbienen in ihrem Bienenkorb Informationen für andere mitgeben, die sie unterwegs treffen.

Möglichkeiten der Bildbetrachtung

1. Betrachtungen nach Verlaufsmodell

Der schrittweise Ablauf einer Bildbetrachtung wird durch Visualisierungshilfen (stumme Impulse, Kniebuch, Folieneinblendung …) strukturiert und geführt.
Impulsfragen:
- Was sehe ich auf dem Bild?
- Was denke ich über die Bildelemente?
- Was bedeutet es (mir, anderen, dem Künstler …)?
- Wo komme ich in dem Bild vor?
- Wo finde ich Motive des Bildes in meinem Leben und in mir?

2. Betrachtungen nach Bildstruktur

Der Betrachter wird von der Lehrkraft durch das Bild geführt. Dazu ist zuvor von der Lehrkraft eine genaue Bildstrukturanalyse zu leisten. Die Beobachtungshilfen werden dann sukzessive in den Betrachterkreis als (ggf. stumme) Impulse gegeben (z. B. Spirale, zeilenweise, von außen nach innen/innen nach außen, Personen und Beziehungen, Lichtspiel …).
Beobachtungen der Betrachter fließen in den Prozess konstruktiv ein.

3. Das Bild zum Leben erwecken

Bilder wollen mit Leben gefüllt werden. Die Kinder können typische Haltungen oder Beziehungen auf dem Bild in einem Standbild nachstellen oder die Bildszene sprechend spielen.
Durch bildnerisches Nachgestalten ist es möglich, ein Bild zu flexibilisieren und mit anderen Augen zu sehen. Verfremdungen und Interpretationen werden dabei auf der reinen Bildebene geleistet, bevor sie sprachlich ausgedrückt werden können.

4. Lochmaske

Diese Methode ist beim Einsatz von Folien geeignet.
Ein DIN-A4-Blatt Papier wird zweimal zur Hälfte gefaltet (DIN A6). Die innere Ecke wird etwa daumenbreit ausgerissen, sodass in der Blattmitte nach dem Ausfalten ein rundes Loch entsteht. Diese Lochmaske wird über die Folie gelegt, um nacheinander nur kleine Ausschnitte des Bildes freizugeben: Köpfe, Farben, Details …
Die Aufmerksamkeit der Betrachter wird dabei dem Bild entsprechend geführt.

5. Bilddiktat

Hinter die aufgeschlagene Tafel wird ein noch nicht bekanntes Bild geklebt. Ein Kind betrachtet das Bild und bekommt die Aufgabe, das Bild den anderen Kindern zu „diktieren", d. h. möglichst so zu beschreiben, dass es alle skizzieren können, zunächst stumm, erst später mit der Möglichkeit der Rückfrage.
Erst ganz am Ende wird das Originalbild freigegeben und mit dem eigenen Entwurf verglichen.

6. Bildvergleich

Ein Bild wird zunächst gemeinsam betrachtet, dann mit einem geeigneten zweiten Bild kontrastiert und verglichen. Was ist gleich, ähnlich, anders oder total verschieden? Was passt zusammen? Die Kinder lernen, sich möglichst sachlich zu äußern. Es geht nicht darum, welches Bild man „hässlich" oder „schön" findet.
Diese Methode eignet sich besonders in der Auswertungsphase eigener Bilder der Kinder zu einem Thema.

7. Denkblasen

Auf vorbereitete Denk-, Fühl-, Sprechblasen werden Gedanken zu den Figuren des Bildes geschrieben oder gemalt. Die Personen auf einem Bild beginnen so zu „sprechen", eine Flexibilisierung der Gestaltauffassung wird angeregt, weil unterschiedliche Perspektiven zur Sprache kommen. Spielszenen werden so vorbereitet.

8. Strukturierungshilfe

Über die Folie eines Bildes wird eine Blankofolie gelegt, die beschriftet werden kann:
- Mit Stichworten oder Kommentaren der Betrachter
- Mit Strukturierungslinien, Kreisen, Pfeilen, Verweisen
- Mit Herzen, Sprechblasen, Denkblasen
- Mit ausgeschnittenen Details/Figuren einer Folienkopie, sodass Positionsveränderungen möglich sind
- Durch Konturierung wichtiger Flächen oder Details

Sukzessive können Bildteile auch verdeckt oder aufgedeckt werden.

Bildnachgestaltung

1. Nachlegen

Wolle/Teppichfliese/Krepp
Die Kinder legen das gesehene Bild aus der Erinnerung mit bunter Wolle, Watte oder aus farbigem Seiden-, Bunt- oder Krepppapier auf einer Teppichfliese o. Ä. nach.

2. 3-D-Bild

Die Kinder gestalten das gesehene Bild aus der Erinnerung als kleine Landschaft aus bunter Knete auf einem Pappteller oder als Guckkasten mit angemalten Pappfiguren und Fantasieelementen (Naturprodukte, Abfallmaterial) nach.

3. Nachmalen

Die Kinder malen das gesehene Bild aus der Erinnerung nach, bis es gefällt. Sie benutzen Wachsmalstifte, Kohlestifte, Ölkreide, Wasser- oder Fingerfarben und malen auf braunem Packpapier große Formen und Flächen.

4. Über den Rand hinaus malen

Die Bildvorlage oder ein Detail davon wird als Kopie auf ein großes Zeichenblatt in die Mitte geklebt. Die Kinder malen das Bild nach eigener Fantasie in alle Richtungen weiter. Im Idealfall ist am Ende kein Bildübergang zu sehen.
Die Kinder können sich an der Maltechnik des Originals orientieren.

5. Bodenbild mit Tüchern

Die Kinder bilden Zweier- oder Dreiergruppen. Mit bunten Tüchern (oder geeigneten Materialien) legen sie das Bild aus der Erinnerung als großes Bodenbild nach. Die Tücher werden nicht auseinandergeschnitten, sondern geknautscht oder ineinander gedreht.

6. Folienbild

Auf das Bild wird eine Folie gelegt. Dann übertragen die Kinder mithilfe von Folienfarben oder Stiften die Farben und Formen.

Hinweis: Folienfarbe ist etwas zähflüssig und braucht lange Zeit zum Trocknen. Sie kann auch verdünnt und gemischt werden.

7. Nachstellen

Die Kinder versuchen, das Bild als Schaufenster oder Standbild nachzustellen. Ein Kind übernimmt dabei die Rolle des Bildhauers. Es wählt seine Figuren und deren Haltungen aus.

Alternative: Die Kinder können auch gemeinsam überlegen, ändern und umstellen, bis es ihnen gefällt.

8. Scherenschnitt

Die Kinder schneiden aus farbigem Tonpapier oder Illustrierten Formen und Figuren aus und legen sie zu einem Poster zusammen.
Eventuell eignen sich die Figuren auch für ein Stabpuppenspiel oder ein Schattentheater.

Textpräsentation

1. Sprechzeichnung

Beim Erzählvortrag veranschaulicht der Erzähler Stationen, Beziehungen der Handlungsträger oder den Handlungsverlauf durch Visualisierungshilfen:
- Strichzeichnungen oder Strichmännchen
- Symbolische Gegenstände auf dem Overheadprojektor (OHP)
- Flanellfiguren oder Magnettafel
- Bodenbild (Kett, Tücher, Bänder, Kugeln …)

2. Erlesen

Manche Texte können erlesen oder lesend nachgearbeitet werden (nach einem ersten Erzählvortrag).

Variationen:
- Mit verteilten Rollen lesen
- In PA vorlesen
- Satz für Satz im Kreis
- Abschnitt für Abschnitt mit Denkpausen (mögliche Ergänzung: Überschriften suchen)
- Stilles Erlesen mit Markierungszeichen

3. Stabpuppen

Mit einer Stab- oder Handpuppe erzählt die Lehrkraft die Geschichte.

Hinweis: Solche Erzählvorträge sollten gut geübt werden (Spiegel/Tonbandkontrolle). Sie haben für Kinder einen hohen Aufforderungscharakter zum Nacherzählen. Manchmal reichen ein Seidentuch oder ein bemalter DIN-A4-Briefumschlag (z. B. auf eine Fliegenklatsche gesteckt) als Puppe aus.

4. Knie-/Klappbuch

Beim Erzählen blättert der Erzähler große Bilderbuchseiten oder Poster um und illustriert dabei die Geschichte, schafft einen Blickpunkt und konzentriert Fantasie und Aufmerksamkeit. Einige fertige Kniebücher sind im Handel erhältlich.
Sie können aber auch selbst angefertigt werden:
- Aus Tapetenrollen wird eine Buchrolle.
- Kopien oder eigene Bilder im DIN-A3-Format werden gelocht und geringt und mit einem Papprücken in Dachform als Stütze versehen.

5. Bilderfolgen

Als Wandbildfries oder Overhead-Folien, Dias oder Rußbilder vorbereitet begleiten Bilder illustrierend den Erzählvortrag.

Variation zum Rußdia: Statt mit der Flamme zu schwärzen, können die Glas-Dia-Rahmen mit schwarzer Plakafarbe unverdünnt angemalt werden. Nach dem Trocknen werden die Bilder mit einer Nadel hineingeritzt. Möglich ist es auch, direkt mit Folienstiften auf die Deckgläser zu malen.

6. Textkarten

Die Geschichte wird in einzelne Handlungsszenen gegliedert. Zu jedem Sinnabschnitt wird eine Überschrift, ein Stichwort, eine Schlüsselfrage oder eine Kurzformel auf eine große Karte geschrieben. Während des Erzählvortrages legt der Erzähler sukzessive die Textblätter in die Kreismitte oder heftet sie an die Tafel (ggf. Folien und OHP nutzen), sodass die Handlung gegliedert vor den Augen der Kinder erscheint.

7. Stäbchentheater

Eine kleine Schaubühne und Stäbchenfiguren begleiten den Erzählvortrag. Dabei können Kinder unmittelbar einbezogen werden und selbst Figuren übernehmen.
Statt einer Schaubühne eignen sich auch der OHP und entsprechende Schattenbilder.

Hinweis: Am schnellsten lassen sich effektvolle Figuren grob aus Zeitungspapier reißen und auf dem OHP bewegen.

8. Verklanglichen

Einfache Klangwerkzeuge oder Instrumente werden beim Erzählen effektvoll einbezogen, um die Dramaturgie und Zuhörbereitschaft zu erhöhen: Trommel, Triangel, Congas, Glockenspiel oder interessant klingende Gegenstände (Topf, Vase, Glas, Schlüsselbund, Luftballon, Pappbecher, Plastikbeutel) geben oft interessante Geräusche her. Experimentierfreude und etwas Übung sollten dazukommen. Dazu kann passende Hintergrundmusik eingespielt werden.

Texte erschließen

1. Nacherzählen

Zur Inhaltssicherung einer Geschichte erzählen sich die Kinder gegenseitig den Verlauf nach:
- Mithilfe der Erzählspinne oder Meldekette
- Mithilfe von Bildern oder Überschriften auf Karten, die dabei helfen, den Verlauf zu strukturieren (auch in PA oder GA möglich)
- Aus verschiedenen Perspektiven der Beteiligten

2. Nachspielen

Kinder spielen Geschichten gerne nach:
- Spontan in kleinen Gruppen
- Ausgewählte Szenen oder Standbilder
- Mit eigenen Variationen (z. B. wie die Geschichte weitergehen oder enden könnte)
- Mit Hilfsmitteln wie Stabpuppen o. Ä.

3. Nachgestalten

Folgende Variationen bieten sich an:
- Erzähltext in eigener Version aufschreiben
- Geschichte als Bild oder Bildfolge gestalten (ggf. arbeitsteilig in verschiedenen Maltechniken möglich)
- Comic oder Wandfries anfertigen
- Stäbchentheater einüben und vorführen
- Folienbilder oder Dias einsetzen

Dabei können Bildüberschriften zu den einzelnen Szenen der Geschichte helfen.

4. Nacharbeit

Der erzählte Text wird den Kindern als Kopie zur näheren Betrachtung vorgelegt. Anmerkungen oder Markierungszeichen (z. B. + – ? !/verschiedene Farben) sind die Grundlage zum besseren Verständnis und schaffen neue Gesprächsanlässe.

Weitere Zugangsmöglichkeiten:
- Gezielte Fragen an den Text oder Autor
- Eigene Randbemerkungen
- Wortverständnis-Fragen

5. Erschließungshilfen

Neben dem gängigen Arbeitsblatt mit Stützfragen zu einem Text eignen sich auch leichtere Formen, den Text näher vor Augen zu führen oder hineinzulesen:
- Textpuzzle (Reihenfolge von Sätzen/Abschnitten suchen)
- Lückentext (Schlüsselbegriffe ergänzen)
- Text zu Bildern schreiben/kleben
- Bilder den Textabschnitten zuordnen oder dazumalen

6. Textvergleich

Die Kinder vergleichen einen neu vorgestellten Text mit einer ähnlichen Geschichte aus der Vorstunde. Sie können auch verschiedene Textformen nebeneinander stellen (z. B. Schlagertext und Psalmtext zum gleichen Thema) oder eigene Textvariationen finden und mit dem Original vergleichen. Interessant könnte auch der Vergleich zwischen Text und Filmversion, Bibelbilderbuch und Bibeltext, Lied und Gedicht sein.

7. Flexible Standorte

Bei der Nachgestaltung in Text, Bild oder Spiel werden unterschiedliche Standorte eingenommen und so eine Erfahrung flexibilisiert. Dazu springen wir in die Geschichte hinein, schauen über den Erzählrahmen hinaus oder verfremden die Handlungsträger. Neue Rollen werden erfunden und ausgespielt, Zeitsprünge und Motivwechsel lassen die gleiche Ausgangssituation in immer neuen Perspektiven erscheinen (Antitext).

8. Textstrukturanalyse

Folgende Strukturen und Merkmale können Kinder meist erkennen und zunehmend selbstständig herauslesen:
- Einleitung, Hauptteil, Schluss/Höhepunkt oder Pointe
- Personen charakterisieren und Beziehungen skizzieren (z. B. Opfer, Verfolger, Helfer)
- Ausgangssituation und Ende vergleichen
- Werte (böse Kräfte – gute Kräfte/Eigenschaften)
- Ort, Zeit und Ablauf der Handlung

Methoden zur Dokumentation des Lernertrags

1. OHP-Protokoll

Während eines Gespräches notiert der Gesprächsleiter auf einer Folie Kernaussagen, Schlüsselbegriffe, Überschriften, Thesen oder inhaltliche Strukturen als Skizze.
Zur Gesprächsstrukturierung zwischendurch oder als Zusammenfassung am Ende wird die Folie eingeblendet und ggf. ergänzt, geordnet oder kopiert.

Variation: Impulskärtchen.

2. Bodenbild

Während des Gespräches werden die Personen und ihre Beziehungen als Bodenbild/Erzähllandschaft umstrukturiert oder mit einfachen Symbolen charakterisiert, sodass verbale Aussagen anschaulich werden.

Variation: Mit dem OHP werden Schattenbilder mit einfachen Materialien zur Strukturierung genutzt (Spielsteine, Ringe, Nägel, Korken, Bänder, Streichhölzer, Zeitungsriss …).

Hinweis: Materialdose bereithalten!

3. Kartenabfrage

Am Ende einer Gesprächsphase malt/schreibt jedes Kind die wichtigsten Gedanken auf einen Zettel oder eine Karte. Die Beiträge werden gesammelt, gesichtet und evtl. gemeinsam geordnet und thematisch sortiert.
Die Karten können wieder Gegenstand der Auseinandersetzung werden (Lernvoraussetzung evtl. nur mündlich als Blitzlicht oder Sprechsteinrunde prüfen).

4. Tapete/Folie

Die Erträge aus einer GA werden auf Packpapierbögen in Verantwortung der Gruppe möglichst plakativ zusammengestellt und zur weiteren Aussprache angeheftet (Pinnwand, Tafel).
Manchmal brauchen Kinder zur Strukturierung klare Vorgaben, z. B. eine Tabelle, Symbole wie +/–, einen Auftrag („Sucht eine Bildunterschrift/einen Titel für eure Arbeit." „Sucht die wichtigste Frage oder Erkenntnis aus." „Stellt eure Entscheidung als (Stand-) Bild dar.").

5. Entscheidungsfrage

Folgende Variationen sind möglich:
- Ein Problem wird polarisiert: Hat sich die Person X in der Geschichte richtig verhalten? Was spricht dafür, was dagegen?
- Brainstorming: Was fällt euch dazu ein? Was nehmt ihr aus der Stunde mit, was lasst ihr gerne hier?
- Die Kinder ordnen die Bilder/Szenen in eine Reihenfolge. Oder es wird eine klare Ergebnisstruktur vorgegeben: „Leg eine Murmel zu dem Lieblingsbild und begründe deine Wahl."

6. Protokollbuch

Eine Arbeitsmappe (z. B. *Ich-bin-da*-Buch aus dem Kap. 1) wird angelegt und regelmäßig um die im Lehrerhandbuch vorgesehenen Arbeitsblätter erweitert, sodass sich am Ende des Schuljahres alle Themen darin wiederfinden.
Die Kopiervorlagen sind im Layout aufeinander abgestimmt und können beliebig ergänzt werden. Möglich ist es auch, ein großes Tapetenbuch anzulegen mit jeweils einer Auswahl an Schülerbeiträgen, sodass ein „Klassenbuch" entsteht.

7. Andacht/Abschlussfeier

Nachdem ein Kapitel abgeschlossen ist, wird eine kleine Andacht vorbereitet, in der Elemente der Unterrichtsreihe aufgenommen und noch einmal bedacht werden. Dazu können besonders ansprechende Exponate in den Mittelpunkt gerückt, Lieder ausgesucht und ein kleines Fest vorbereitet werden (Martinszug, Nikolausfeier, Adventsfeier, Schöpfung/Erntedank, Gebetskreis, Kirchenbesuch mit Andacht, Bibel-Geschichten-Abend).

8. Prozessbegleiter

Ein Wandbild wird zum Prozessbegleiter, z. B. ein Wegbild (Advent), ein wachsender Baum (Senfkorn), eine Landschaft, die durch die Beiträge der Kinder im Laufe der Unterrichtsreihe gefüllt wird (Schöpfungslandschaft), ein Modell, das weiterentwickelt wird (Dorf in Israel mit Jesusgeschichten), ein Mittelpunktsymbol, um das herum sich Ideen anlagern (Geschichtenschatz für die Geschichten der Kinder).

Ergebnispräsentation

1. Vorstellungsrunde
- Ergebnispräsentation und/oder Zwischenbilanzierung durch die Arbeitsgruppe
- Metakommunikatives Statement durch die Arbeitsgruppe
- Wortmeldung im Rahmen eines Blitzlichts oder in der Sprechsteinrunde
- Fishbowl
- Ausstellung
- Arbeitsprotokoll an Lehrkraft
- begleitender Arbeitsbericht/Mappe
- Erstellung eines Wand-/Schaubildes

2. Ertragssichtung
Alle Produkte werden in die Kreismitte gelegt. Gemeinsam wird nach einer strukturierenden Ordnung gesucht, z. B. nach
- Oberbegriffen,
- Chronologie oder Inhaltsstruktur,
- Ähnlichkeiten oder Kontrasten,
- Qualitätsmerkmalen und/oder dem vereinbarten Ziel,
- vorgegebenen Standpunkten.

Die Produkte können auch in einem neuen Gesamtbild zusammengestellt werden.

3. Fremdvorstellung
Aus den in der Mitte abgelegten Produkten sucht sich jedes Kind ein Objekt aus.
Jedes Kind
- beschreibt den gewählten Gegenstand und begründet seine Auswahl im Anhörkreis.
- sucht einen passenden Titel.
- äußert dazu seine Gedanken.
- überprüft den Gegenstand anhand vereinbarter Vorgaben (Checkliste).

4. Vertexten
Jedes Kind schreibt zu seinem eigenen oder zu einem Produkt eines anderen Kindes einen Text, z. B.
- einen Kurztext mit 15 Wörtern,
- einen eigenen Kommentar (Rezension),
- einen Brief,
- drei Fragen,
- ein kleines Gedicht (Elfchen oder Schneeballgedicht).

Möglich ist es auch, dass die Kinder aus einem Textangebot (Psalmverse, Gedichte) einen Text auswählen und diesen zu dem Produkt schreiben oder kleben.

5. Spielszenen beurteilen
- Kartenabfrage
- Sprechsteinrunde
- Beobachtungsaufgaben (Kärtchen vor der Vorführung an Beobachter verteilen)
- (Mehrfaches) Vorspielen von Handlungsalternativen („Ich würde das so spielen …")
- Stumme Impulse (Impulskarten, OHP)
- Verordnete Standpunkte (Karte kreist)
- Gegenseitiges Befragen

6. Vergleichen
Spielszenen oder andere Gestaltungsprodukte werden paarweise nebeneinander aufgestellt und miteinander in Bezug gesetzt: Was haben beide gemeinsam? Was unterscheidet sie voneinander? In einer Tabelle mit zwei entsprechenden Spalten können Aussagen gesammelt werden. Möglich ist das Vergleichen im Plenum, in der Fishbowl-Runde, in GA oder PA, aber auch in EA oder in einem Schreibgespräch.

7. Gemeinschaftsprodukt
Gestaltungsaufgaben sind so konzipiert, dass eine Hauptaufgabe in Teilaufgaben aufgeteilt ist. Die einzelnen Ergebnisse fließen dann am Ende in ein Gesamtbild/Produkt ein:
- Jedes Kind malt ein (Bild-)Element, z. B. Mobile zum Bild Ronde de jeunesse von Picasso, vgl. SB S. 20).
- Ein Text wird in Szenen gegliedert, (Leporello, Kniebuch, Wandfries, Tapetenbuch, Schriftrolle).
- Einzelstücke werden zu einem Arrangement gelegt (SB S. 54–55 Gebetskreis).

8. (Meditative) Verstärkung
Unterrichtsprodukte werden (meditativ) hervorgehoben, z. B.
- durch ein neues Arrangement (Einzelstück/gestaltete Mitte) in einer Stilleübung oder Andacht.
- durch die Würdigung der eigenen Produkte, indem das Produkt mit dem Werk eines großen Künstlers verglichen wird.
- in einer Feier oder geeigneten Präsentationsform, in der die Ergebnisse vorgestellt werden (auch klassenübergreifend als Gottesdienst, Elternabend, Ausstellung).

1. Ich

Darum geht es

Theologische Perspektive

Ich bin da – unter diesem Titel steht das ganze Unterrichtswerk. Es weiß sich so dem Gottesnamen verpflichtet, unter dem sich Gott einst dem Moses im brennenden Dornbusch offenbarte. „Ich bin da als der, der ich für dich sein werde" heißt wohl der Jahwe-Name genauer übersetzt. Der Name klingt wie ein Mantra, das sich der Meditierende zu eigen macht, um es ganz und gar zu erfassen und in sich wirken zu lassen. Gott wird so zur Kraftquelle im Menschen, schenkt Ich-Bewusstsein und stärkt das Selbstvertrauen. Jahwe, der einzige Gott Israels, sagt jedem seine Einzigartigkeit als Gottes Ebenbild zu. Diese unüberbietbare Zusage Gottes, sein unerschütterliches Ja zu jedem Einzelnen, der sich ihm zuwendet, steht nicht nur am Anfang des Buches, sondern durchzieht alle Kapitel als Grundmotiv. Der Mensch kann diesen Gott in sich und an sich als Vertrauensgrund und letzte Zuversicht gerade auch in aussichtslosen Situationen und über alle menschlichen Grenzen hinaus erfahren.

Religionspädagogische Leitlinie

Diese *Ich-bin-da*-Erfahrung soll zunächst unmittelbar am eigenen Körper wahrgenommen werden. Das Kind, das – eben erst eingeschult – einen ganz neuen Erfahrungsbereich betritt, soll

- äußerlich wie innerlich aufmerksam und sensibel für die eigene Identität werden
- sich seiner unterschiedlichen Stimmungen bewusst werden
- sich mit anderen über Gefühle und Befindlichkeiten austauschen lernen
- seine schöpferischen Fähigkeiten entdecken und für sich und andere entfalten
- die eigenen Grenzen erfahren, aushalten und womöglich überwinden
- dabei zunehmend sein Selbstvertrauen im Vertrauen auf Gott aufrichten und rückversichern
- sich begleitet wissen auf seinem Weg in und durch die Schulzeit von dem Gott der jüdisch-christlichen Glaubensüberlieferung, auf dessen Namen wir getauft wurden und der uns bei unserem Namen ruft.

Lernanliegen

In den ersten Religionsstunden sollen die Kinder sich zunächst selbst kennenlernen, wer sie sind, woher, mit welchen Vorstellungen und Erwartungen sie zur Schule kommen, wie sie leben und welche Perspektiven sie haben. Sie werden dabei selbst zum Lernmittelpunkt. Mit all ihren Sinnen und Erfahrungsmöglichkeiten werden sie in die bewusste Auseinandersetzung mit den eigenen Fähigkeiten und Grenzen geführt. Das Selbstbewusstsein kann heranwachsen, wenn jeder seine Begabungen in die Klassengemeinschaft einbringen kann und sich als Person angenommen fühlt. An ersten Erfolgserlebnissen wird das Selbstbewusstsein gestärkt. Wer sich selbst von anderen angenommen weiß, kann auch andere eher annehmen und neben sich ertragen. Nur in einer vertrauten Umgebung und Atmosphäre der Ruhe lassen sich die großen Fragen nach Gott und der Welt angemessen ansprechen. Gottes Zuspruch wird dann im Psalmwort hörbar: „Ich bin da für dich!" Dabei wird das Selbstvertrauen unaufdringlich im Gottesglauben verankert.

Lernertrag

Methodisch lernen die Kinder in dieser ersten Unterrichtsreihe miteinander zu sprechen, Bilder zu betrachten, zu spielen, zu singen und zu gestalten. Die Basis für ein gemeinsames Lernhandeln ist so geschaffen. Inhaltlich haben sich erste Beziehungen gebildet, Erwartungen an den RU wurden geweckt. Jeder darf sich angenommen und in der Gruppe wertvoll fühlen. Was uns zusammenführt, ist der Glaube an Gott als getaufte Christen. Als Kinder Gottes dürfen wir uns von Grund auf und voller Zuversicht angenommen fühlen mit all unseren Fähigkeiten und Grenzen: „Ich bin für dich da", sagt Gott. Ein Bild des Urvertrauens haben wir vor Augen, das uns nachgehen wird. Jeder ist einmalig, einzigartig: „Gut, dass es dich gibt!"

Der Lernertrag schlägt sich nieder in einem *Ich-bin-da*-Buch, das später zur Arbeitsmappe für den RU erweitert werden kann.

Prozess-Schritte: Übersicht

Ich	Prozess-Schritte
1. sehen + entdecken	Das Grundmotiv des ersten Lernschrittes lautet: **die eigene Person entdecken**. Der Blick richtet sich dabei auf die eigenen Fähigkeiten und Möglichkeiten. Dieses Sehen soll ein ganzheitliches Erleben sein. Den Kindern soll bewusst werden, mit welchen Sinnen und Körperteilen sie ihre Umgebung wahrnehmen. Die Wahrnehmung unserer Umwelt erfolgt nicht nur mit den Augen. Hände, Ohren und auch das Herz, mit dem wir Gefühle und Empfindungen wahrnehmen, bilden eine untrennbare Einheit. Erst die bewusste Auseinandersetzung mit diesen Sinnen bildet die Basis für eine tiefergreifende Offenheit gegenüber der eigenen und anderen Personen.
2. fragen + finden	In einem zweiten Lernschritt eröffnet sich ein Raum zum **Nach- und Hinterfragen der eigenen Lebensgeschichte**. Die Kinder werden als Fragende zu Forschern ihrer eigenen Herkunft und Familie. Die Familie hat heute viele Gesichter und gerade vor diesem Hintergrund sind Fragen zum Ursprung des eigenen Aussehens, der eigenen Fähigkeiten und Begabungen für alle Beteiligten ein weiterer Schritt in der Auseinandersetzung mit sich selbst.
3. hören + sagen	Nicht alles an dem, was meine Person ausmacht, gefällt mir immer. Auch Kinder erfahren gerade in der ersten Zeit in der Schule, dass sie nicht alles können. Sehr schnell erfahren sie ihre **eigenen Grenzen**. Die kurze Erzählung von Tino gibt Gelegenheit, mit den Kindern über ihre Träume und Wünsche zur eigenen Person ins Gespräch zu kommen. Das Hören auf die Erzählung, in der Tino darüber nachdenkt, wer er wäre, wenn er nicht er selbst wäre, öffnet den Raum für eigene Wünsche und Träume. Wer oder was wäre ich gerne, wenn ich nicht wäre, wer ich bin?
4. träumen + trauen	Mit der Erkenntnis über eigene Schwächen darf ich mich trauen, **zu meinen Gefühlen und Empfindungen zu stehen**. So könnte das Leitmotiv für den nächsten Lernschritt überschrieben sein. Zu den eigenen Gefühlen und Empfindungen zu stehen, fällt nicht immer leicht. Manchmal mag es einfacher erscheinen, eine Maske aufzusetzen. Die Maske bietet die Möglichkeit sich zu verstecken, um so etwas von sich preiszugeben, was man sich sonst nicht traut. Sie kann aber auch die wirklichen Gefühle verbergen.
5. glauben + (be)kennen	Der christliche Glaube ist im Wesentlichen davon getragen, dass Gott uns trotz allen Unvermögens seinen Zuspruch gibt. Gleich wie wir auch sind, gleich wie wir uns fühlen, wir dürfen auf Gott vertrauen. Die Bibel enthält die unterschiedlichsten Texte, in denen Gottes Fürsorge für die Menschen Ausdruck findet. In einer **ersten Annäherung an biblische Texte** konfrontieren wir die Kinder mit einem Psalmwort. Der kurze Text stellt die erste Begegnung im Unterricht mit biblischen Worten dar und bildet so die Basis für eine Textarbeit im weiteren Unterricht.
6. leben + gestalten	Die **biblische Botschaft** wirkt sich für viele Menschen **im eigenen Leben** aus. In Verbindung mit den Erkenntnissen über die eigene Person können sich auch Auswirkungen auf die Gestaltung des Schulalltages ergeben. Die eigenen Bedürfnisse sollen Platz haben dürfen. Die eigenen Wünsche können auch bei der Arbeit in der Schule berücksichtigt werden. Im Lied werden die Fähigkeiten der eigenen Person noch einmal angesprochen. Im Singen und Tanzen erfahren sich die Kinder in der Gruppe neu. Selbstbewusst können sie sich in der Gruppe zeigen. Das Lied besingt zudem den Zuspruch Gottes, dass er stets bei uns ist.

Methoden	Medien	
	Leitmedium	**Begleitmaterial**
Bildbetrachtung und Unterrichtsgespräch: Die Kinder erleben ihre erste Bildbetrachtung im RU und führen ein Gespräch über die verschiedenen Sinne.	SB S. 4: Ich-Seite, Bild mit den verschiedenen Sinnen	**M 1:** Dank für die Sinne **M 2:** Stilleübung zum ICH-Bild **M 3:** Was ich alles kann **M 4:** *Ich–bin-da*-Buch
Spiegelbild: Kinder betrachten sich selbst im Spiegel und entdecken eigene körperliche Merkmale, die sie so vorher nicht wahrgenommen haben. **Reflexion:** Die Kinder beschreiben sich selbst und fertigen Bilder von sich an. Sie halten verschiedene Merkmale im *Ich-bin-da*-Buch fest.	SB S. 5: Kinder vor dem Spiegel	**M 4:** *Ich–bin-da*-Buch **M 5:** Steckbrief **M 6:** „Ich habe einen Kopf" (Lied)
Texterschließung: Die kurze Erzählung regt die Kinder an, darüber nachzudenken, wie es wäre, nicht der zu sein, der man ist. Im Spiel und Bild werden die verschiedenen Wünsche der Kinder festgehalten.	**M 7:** „Tino denkt nach" (Erzählung)	Zeitungen und Zeitschriften
Unterrichtsgespräch: Folgende Fragen können aufgeworfen werden: Welche Maske würde ich heute aufsetzen? Welche Masken habe ich besonders gerne? Wann habe ich zuletzt eine besondere Maske aufgesetzt? Im Rollenspiel schlüpfen wir hinter die Maske eines anderen.	SB S. 6/7: Verschiedene Darstellungen von Masken	**M 8:** Maskenvorlage
Bildbetrachtung: Die Kinder nehmen die Darstellung Sieger Köders als Bild für Fürsorge und Geborgenheit wahr. **Lesen und Beten:** Wir lesen und beten das Prophetenwort.	SB S. 8/9: S. Köder: „In Gottes Händen" „Ich habe dich bei deinem Namen gerufen." (Prophetenwort des Jesaja)	**M 9:** Gott spricht (Arbeitsblatt)
Unterrichtsgespräch: Was habe ich an mir selbst entdeckt? Welche Fähigkeiten besitze ich, und was kann ich gut? **Erzählkreis:** Jedes Kind sagt, was ihm gefällt oder nicht gefällt. Mithilfe einer Symbolkarte kann angezeigt werden, wenn sich jemand gestört fühlt. Lied (singen und mit Gesten begleiten)	SB S. 10: „Halte zu mir guter Gott" (Lied mit Gesten)	**M 10:** Symbolkarten

So gehen wir günstig vor

 1. sehen + entdecken

Leitmedium: ICH-Bild (SB S. 4)

Im Zentrum der Seite 4 steht das Wort „Ich". Dieses Wort bildet den Mittelpunkt der ersten Einheit des Buches.
Das „Ich" wird eingerahmt durch die Darstellung der Sinne. Das Bild gibt nicht eine einzelne Person wieder. Die einzelnen gezeigten Körperteile können nicht wie in einem Puzzle zusammengelegt werden. Trotzdem bilden die Sinne in Verbindung mit dem „Ich" ein Ganzes. Wir Menschen können uns unserer verschiedenen Sinne bedienen, und so erhalten wir Informationen aus unserer Umwelt.

Lernmöglichkeiten

Zu Beginn der Stunde bietet die Betrachtung des Bildes die Möglichkeit, den Blick auf einzelne Sinne zu lenken.
Die Kinder entdecken die einzelnen Körperteile (Auge, Ohr, Hand, Fuß, Mund, Herz) und können ihnen die spezifischen Bedeutungen zuordnen und auf ihren Körper übertragen.
Das Wort „Ich" in der Mitte des Bildes kann evtl. von manchen Kindern bereits erlesen werden. Das Wort-Bild prägt sich leicht ein, und die Kinder können sich unmittelbar von diesem Wort angesprochen fühlen. So wird der Blick auf die eigene Person gelenkt.
Die Kinder sammeln, was sie alles schon können. Im Gegensatz zu einem Kleinkind können sie über das, was sie sehen, hören oder fühlen mit anderen reden.
Den Abschluss dieser Stunde kann das Erstellen eines *Ich-bin-da*-Buches bilden (➡ **M 4**).
Im *Ich-bin-da*-Buch werden verschiedene Merkmale und Fähigkeiten der eigenen Person gesammelt.

Weitere Anregungen

- **Gebet:** Die Betrachtung des Bildes kann in ein gemeinsames Gebet münden, in dem wir für unsere Sinne danken (➡ **M 1**).
- **Stilleübung:** Die Übung kann die Betrachtung des Bildes ergänzen. Je nach Lerngruppe kann sie auch gekürzt werden (➡ **M 2**).
- **Was ich alles kann:** Die Kinder schreiben oder malen, was sie alles mit ihren Sinnen wahrnehmen können (➡ **M 3**).

 2. fragen + finden

Leitmedium: Spiegel-Bild (SB S. 5)

Das Bild der Kinder vor dem Spiegel bietet die Möglichkeit, den Kindern deutlich werden zu lassen, dass sie ein Teil des RUs sind, da sie sich mit den abgebildeten Kindern identifizieren können. Das Buch soll die Kinder im RU begleiten. In ihm können sie die unterschiedlichsten Geschichten und Bilder entdecken.
Zunächst ermöglicht es der Spiegel, das Äußere zu betrachten.

- Welche Augen- bzw. Haarfarbe habe ich?
- Wie sieht meine Nase aus?
- Wie sehen meine Ohren aus?

Der Spiegel nimmt die Kinder aber auch mit hinein in das Buch. So werden sie zum Teil des RU. Der RU wird so zu einem Fach, in dem die Kinder nicht nur Lernende eines Stoffes sind. Sie selbst werden zum „Lernstoff". Sie sollen durch das Buch zum Nachdenken über sich selbst angeregt werden und erfahren sich als Fragende und Suchende.

Lernmöglichkeiten

In einem ersten Schritt können die Kinder sich selbst betrachten. Sie berichten ihren Mitschülern, welche Entdeckungen sie an sich selbst machen. Im Klassengespräch werden die Körpermerkmale gesammelt, die nun jeder an sich selbst genauer betrachten kann: Mund, Nase, Ohren, Haare, Zunge, Zähne.
Untermalt von ruhiger Musik können sich die Kinder nun selbst eine Weile (3–5 Min.) still im Spiegel betrachten. Dabei sollen sie sich so viele Merkmale wie möglich merken, um sie später in ihrem *Ich-bin-da*-Buch wiedergeben zu können.
Die Kinder können zum Abschluss der Stunde weitere Seiten für ihr *Ich-bin-da*-Buch gestalten.

Weitere Anregungen

- **Steckbrief:** Die Kinder füllen einen Steckbrief aus und sammeln so Informationen über sich (➡ **M 5**).
- **Lied:** „Ich habe einen Kopf" (➡ **M 6**)

3. hören + sagen

Leitmedium: Geschichte „Tino denkt nach" (M7)

Die Geschichte von Tino konfrontiert die Kinder mit Überlegungen und Wünschen eines Jungen, der sich in die Rolle verschiedener Lebewesen versetzt.
Tino sitzt im Garten und denkt darüber nach, wer er wohl sein könnte. Er sieht den Schornsteinfeger und überlegt, wie es wohl wäre, so zu sein. Er beobachtet eine Libelle, einen Vogel und einen Wurm. Er könnte auch eines dieser Tiere sein. Doch der Wurm wird vom Vogel gefressen!
Ob er das wirklich sein möchte …

Lernmöglichkeiten

In einer geeigneten Atmosphäre wird die kurze Geschichte vorgetragen. Die Kinder bekommen zunächst die Möglichkeit, sich frei zu der Erzählung zu äußern.
Zu Beginn der Geschichte möchte Tino der Rauchfangkehrer (Schornsteinfeger) sein. Es drängt sich die Frage auf, was ihm an diesem Beruf gefällt.
In einem kleinen Spiel können sich die Kinder ihre Wunschberufe gegenseitig vorstellen. Dazu flüstert ein Kind der Lehrkraft den Beruf ins Ohr und spielt es anschließend pantomimisch vor.
Tino überlegt auch, ob er vielleicht eine Libelle oder ein Vogel sein könnte. In gleicher Weise können sich die Kinder ihre Wunschtiere vorstellen. Dabei können die Kinder jeweils auch erklären, warum sie sich für dieses Tier oder jenen Beruf entschieden haben.
Tino kommt in der Geschichte schließlich zu dem Schluss, dass er froh ist, er selbst zu sein.
Den Abschluss der Stunde kann daher die Weiterarbeit an dem *Ich-bin-da*-Buch (besonders die Seite mit dem Selbstbildnis) bilden.

Weitere Anregungen

- **Selbstbildnis:** Die Kinder malen ein Selbstporträt auf ein Zeichenblatt. Das Blatt kann in die Religionsmappe geheftet werden.
- **Bilder:** Aus Zeitschriften, Postkarten u. Ä. schneiden die Kinder ein Tier oder eine Person aus, das bzw. die sie gerne wären. Das Bild kleben sie auf ein Blatt. Dieses Blatt wird in die Religionsmappe geheftet.

 ### 4. träumen + trauen

Leitmedium: Ich bin traurig – ich bin froh (SB S. 6/7)

Die dargestellten Masken zeigen verschiedene Gefühle und Empfindungen. Eine Maske kann nicht nur die wahren Gefühle verbergen, sie kann auch echte Gefühle deutlich, manchmal überdeutlich machen. Denn es fällt leichter, hinter einer Maske zu stehen, die ein Gefühl ausdrückt, als seine Gefühle offen zu zeigen. So können diese Masken für die Kinder zu einem Medium werden, mit dem es ihnen leichter fällt, über die eigenen Gefühle zu sprechen. Die Leitfrage muss dann nicht heißen „Wie fühlst du dich?", sondern „Welche Maske setzt du dir jetzt auf?"

Weitere Fragestellungen:

- Was fühlt jemand, der eine bestimmte Maske trägt?
- Wonach sehnen sich Menschen, die eine bestimmte Maske tragen?

Lernmöglichkeiten

Die Buchseiten, auf der die verschiedenen Masken abgebildet sind, bieten eine Reihe von Erzählanlässen. Die Kinder benennen zunächst die einzelnen Masken. Sie können vielleicht Namen für die Maske erfinden. In Verbindung mit den Namen kommen die Gefühle ins Spiel, die durch diese Masken ausgedrückt werden können.
Es gibt sicher eine Vielzahl von Begebenheiten, die die Kinder erzählen können, in denen sie sich mal so oder anders gefühlt haben.
Wenn die Lehrkraft (mit den Kindern) entsprechende Masken hergestellt hat, können sich die Kinder hinter den Masken verstecken und dazu passende Geschichten erzählen.
Dem Spiel mit den Masken und Gefühlen kann sich die Überlegung anschließen: „Wo fühlt sich jedes Kind besonders wohl?"
Die Kinder können nun ein Gesicht malen, in dem ihr derzeitiges Gefühl zum Ausdruck kommt.

Weitere Anregungen

- **Spiel:** Ein Kind sucht sich ein Gefühl aus und spielt es pantomimisch vor. Die anderen raten.
- **Masken:** Anhand der Vorlage können die Kinder zu verschiedenen Gefühlsregungen Masken anfertigen (➡ M 8).

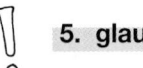 ## 5. glauben + (be)kennen

Das Leitmedium: Sieger Köder „In Gottes Händen" und Prophetenwort (SB S. 8/9)

Das Bild von Sieger Köder zeigt einen Kinderkopf, der von zwei Händen gehalten wird. Die Farben des Regenbogens bestimmen das Bild. Sie verweisen auf den Bund zwischen Gott und den Menschen. Das Kind hat einen zufriedenen Gesichtsausdruck. Es ist behütet in der Hand Gottes.

Der Text des Propheten Jesaja greift diesen Gedanken auf. In dem Prophetenwort wird die Verbindung zu Gott mit dem Verhältnis zwischen Vater und Kind beschrieben. Der Text erinnert an die Bedeutung des eigenen Namens und verstärkt das Bild von der tragenden Hand.

> Hinweise zum Buch des Propheten Jesaja: Das Prophetenbuch Jesaja lässt sich in drei Bereiche einteilen. Die Kapitel 1–39 werden dem Propheten Jesaja zugeschrieben, der wahrscheinlich in den Jahren 736–701 v. Chr. als Prophet tätig war. Die Kapitel 40–55 und 56–66 sind von bis heute nicht bekannten Propheten (evtl. einem Schüler des Jesaja) verfasst und zusammengestellt worden. Allgemein bezeichnet man diese Propheten als Deutero- und Tritojesaja.
> Gerade die spätexilischen Texte des Deuterojesaja sind gekennzeichnet durch das Vertrauen auf Gott, der sein Volk aus dem Exil erretten will.

Lernmöglichkeiten

Zur Eröffnung der Stunde betrachten die Kinder das Bild auf Seite 8.
In einer ruhigen, meditativen Atmosphäre schildern die Kinder ihre Eindrücke von dem Bild. Dabei können folgende Fragen hilfreich sein:

- Wen und was siehst du?
- Mit welchen Farben hat der Künstler das Bild gemalt?
- Woran erinnern dich die Farben?
- Wessen Hände könnten auf dem Bild zu sehen sein?

In Anlehnung an die vorangegangene Stunde können die Kinder Gefühle benennen, die dieses Kind gerade empfinden könnte.
Nach einer eingehenden Bildbetrachtung kann der Text auf Seite 9 in geeigneter Weise vorgetragen werden. Einzelne Kinder können den Text evtl. auch eigenständig erlesen. In einem Unterrichtsgespräch kann mit den Kindern erarbeitet werden, wer mit den Wörtern Ich, dich und dir gemeint ist.
Dem *Ich-bin-da-* Buch kann die Seite „Er hält dich in seiner Hand" hinzugefügt werden. Dabei wird das Bild durch den Namen, der in die Hand geschrieben wird, ergänzt.

Weitere Anregungen

- **Gesprächskreis:** Dem auf Seite 8 gezeigten Kinderkopf von Sieger Köder können die gebastelten Masken, Worte, Gefühle und Gedanken zugeordnet werden.
- **Arbeitsblatt „Gott spricht":** Die Kinder füllen die Lücken des Textes entsprechend aus und gestalten den Regenbogen bunt (➡ M 9).

 ## 6. leben + gestalten

Leitmedium: „Halte zu mir, guter Gott" (SB S. 10)

In dem Lied „Halte zu mir, guter Gott" von Rolf Krenzer und Detlev Edelkötter werden verschiedene Aspekte des Kapitels aufgenommen. In Anlehnung an die Bildbetrachtung der vorangegangenen Doppelseite wird die Hand, in der der Kopf des Kindes liegt, mit Gott in Beziehung gebracht. Die Hand des Bildes wird so zur Hand Gottes. Gott ist der, der mich jeden Tag hält.
In den weiteren Strophen wird deutlich, dass dieser Gott zu mir hält, egal in welcher Situation oder Gefühlslage ich mich befinde.

Lernmöglichkeiten

Bereits nach der Begrüßung werden die Kinder mit der ersten Strophe des Liedes vertraut gemacht. Dazu kann das Lied vorgesungen oder vorgespielt werden. Auf der Buchseite können die Kinder den Text lesen. Nach mehrmaligem Singen werden die Symbolkarten (➡ M10) gezeigt, und gemeinsam überlegen die Kinder, welche Gefühle damit ausgedrückt werden.
In Zukunft können die Kinder mithilfe einer oder mehrerer Karten anzeigen, wenn es ihnen wichtig ist, über ihre Gefühle zu reden.
Den Abschluss der Stunde und damit dieser Einheit bildet das Ausgestalten des Liedes. Dazu werden alle Strophen des Liedes vorgestellt und der Refrain durch Gesten begleitet.

Weitere Anregungen

- **Regeln:** Es können weitere Regeln für die Klasse, den RU oder für das Miteinanderredenkönnen aufgestellt werden.
- **Rollenspiel:** In kleinen Rollenspielen können die Kinder den Gebrauch der Symbolkarte einüben.

Materialien

M 1: Dank für die Sinne

Mit diesem ersten kleinen Gebet können die Kinder an eine Gebetshaltung und -sprache herangeführt werden. Die ersten Schritte zu einem freien Gebet können dabei im Vervollständigen von Sätzen liegen.

Wir treffen in der Gruppe die Absprache, jeden Satz in einer bestimmten Weise zu beginnen, und jeder kann den Satz selbstständig vervollständigen. So entsteht ein gemeinsames Gebet:

„Ich bin dankbar für alles, was ich kann.

- Ich kann mit meinen Ohren viele … hören.
  (Tiere, Stimmen, Musik …).
- Ich kann mit meinen Händen …
  (malen, schreiben, fühlen, streicheln …).
- Ich kann mit meinen Augen … sehen.
  (Farben, Tiere, Menschen, Pflanzen …).
- Ich kann mit meinen Füßen …
  (rennen, springen, tanzen, laufen …).
- Ich kann mit meiner Nase … riechen.
  (Blumen, Essen, Gewürze …).
- Ich kann in meinem Herzen … fühlen.
  (Freude, Ärger, Liebe, Wut …).

M 2: Stilleübung zum ICH-Bild

Lehrkraft:
Setze dich ruhig auf deinen Stuhl.
Deine Füße stehen fest auf dem Boden.
Du wirst ganz ruhig und spürst, wie dein Atem
in deinen Körper einströmt und wieder hinausströmt.
Sieh dir das Bild genau an.
Du siehst eine Hand auf dem Bild.
Spüre deine Hand.
Sieh dir deine Hand genau an.
Fünf Finger hat deine Hand.
Siehst du die Linien?
Diese Linien sind einmalig. Nur deine Hand hat diese Linien.
Diese Hand gehört zu dir.
Du kannst so vieles mit deinen Händen machen.
Du kannst malen und schneiden.
Deine Hand kann halten und streicheln.
Wenn es dich juckt, so kannst du mit ihr kratzen.
Fühle mit deiner Hand in dein Gesicht.
Ertaste deinen Mund.
Gut, dass du einen Mund hast. Mit ihm kannst du sprechen. In ihm ist deine Zunge, die so viele leckere Dinge schmecken kann.
In deinem Gesicht sind deine Augen.
Schließe deine Augen. Nur wenn du sie öffnest, kannst du alles sehen, was um dich herum ist.
Und mit deiner Nase kannst du die schönsten Düfte erspüren. Durch sie atmest du die Luft ein, die dich am Leben erhält.
Mit deinen Ohren hörst du meine Stimme.
Lausche in die Stille.
Auch Entferntes können sie dir ganz nahebringen.
Streiche über deinen ganzen Körper. Vom Kopf bis zu den Füßen.
Das bist du. Spürst du dein Herz? Es schlägt ohne Rast für dich. Sage ihm: Das bin ich!

M 3: Was ich alles kann!

Fischer u.a.: Ich bin da 1, Lehrerhandbuch
© Auer Verlag GmbH, Donauwörth

M 4: Das *Ich-bin-da*-Buch

Das *Ich-bin-da*-Buch kann in mehreren Unterrichtsstunden entstehen.
Die Kinder können die einzelnen Bereiche in Form mehrerer Stationen bearbeiten oder die Seiten jeweils nach dem Bearbeiten eines Themenkomplexes erstellen.

Die einzelnen Themenkomplexe der Stationen können auf vielfältige Weise erarbeitet werden. Es sind unterschiedliche „Kim-Spiele", Rollenspiele, Gesprächssituationen und Bildbetrachtungen möglich. Sie können und müssen jeweils an die Lernerfahrungen der Klasse oder Gruppe angepasst werden und können daher hier nicht in ihrer vollen Breite erläutert werden (siehe auch Methodenbausteine S. 11 ff.).

Station	Aufgabe und Intention
Dieses Buch gehört:	Namen schreiben und eigene Identität hervorheben
Das sind meine Maße:	Messen und Beschreiben des eigenen Aussehens
Das ist mein Auge:	Das eigene Auge (Augenfarbe) im Spiegel betrachten und sich seiner Sinne bewusst werden
Das ist meine Familie:	Die eigene Familie malen und erkennen, dass wir nicht alleine sind
Das ist meine Hand.	Die eigene Hand abzeichnen und sich seiner Sinne bewusst werden
Ich fühle mich wohl!	Situationen malen, in denen ich mich wohl fühle
Er hält dich in seiner Hand.	Den eigenen Namen in die Hand schreiben und den Zuspruch Gottes erfahren im Wort der Bibel (vgl. Kapitel 6 Jesus von Nazaret).

Die Seiten des *Ich-bin-da*-Buches können mit einem einfachen Heftstreifen zusammengehalten werden.
Die einzelnen Stationen werden durch die Stationskarten gekennzeichnet. Wenn die Kinder schreiben sollen, ist ein Stift ✏️ , wenn sie malen sollen, sind mehrere Stifte 🖍️ zu sehen.

M 4: Das ICH-BIN-DA-BUCH (Arbeitsblätter)

Das ist mein Auge:

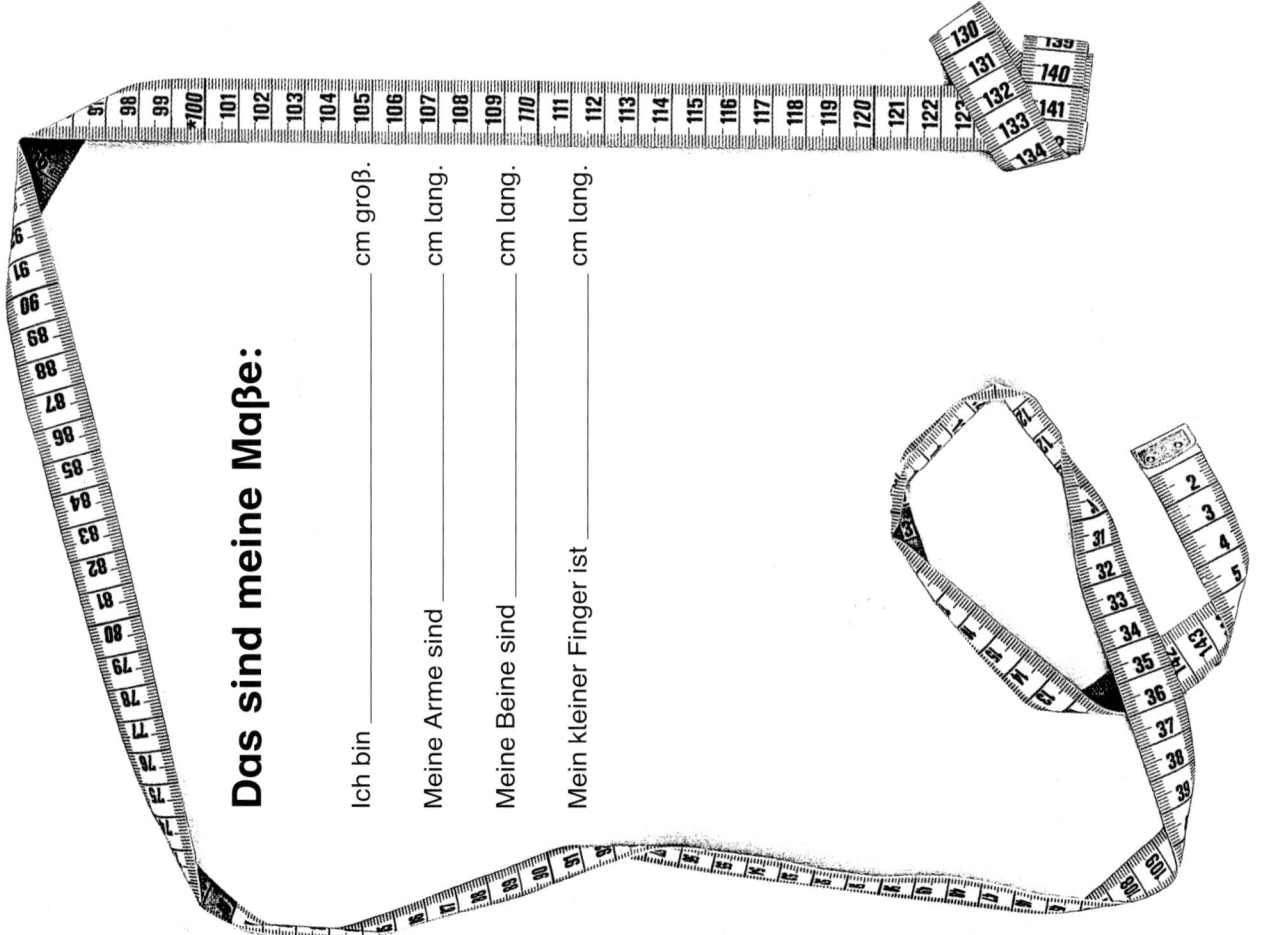

Das sind meine Maße:

Ich bin _____ cm groß.

Meine Arme sind _____ cm lang.

Meine Beine sind _____ cm lang.

Mein kleiner Finger ist _____ cm lang.

Fischer u. a.: Ich bin da 1, Lehrerhandbuch
© Auer Verlag GmbH, Donauwörth

M 4: Das ICH-BIN-DA-BUCH (Arbeitsblätter)

Das ist meine Hand:

Das ist meine Familie:

Fischer u. a.: Ich bin da 1, Lehrerhandbuch
© Auer Verlag GmbH, Donauwörth

M 4: Das ICH-BIN-DA-BUCH (Arbeitsblätter)

Er hält dich in seiner Hand!

Ich fühle mich wohl!

Fischer u. a.: Ich bin da 1, Lehrerhandbuch
© Auer Verlag GmbH, Donauwörth

M 4: Das ICH-BIN-DA-BUCH (Stationskarten)

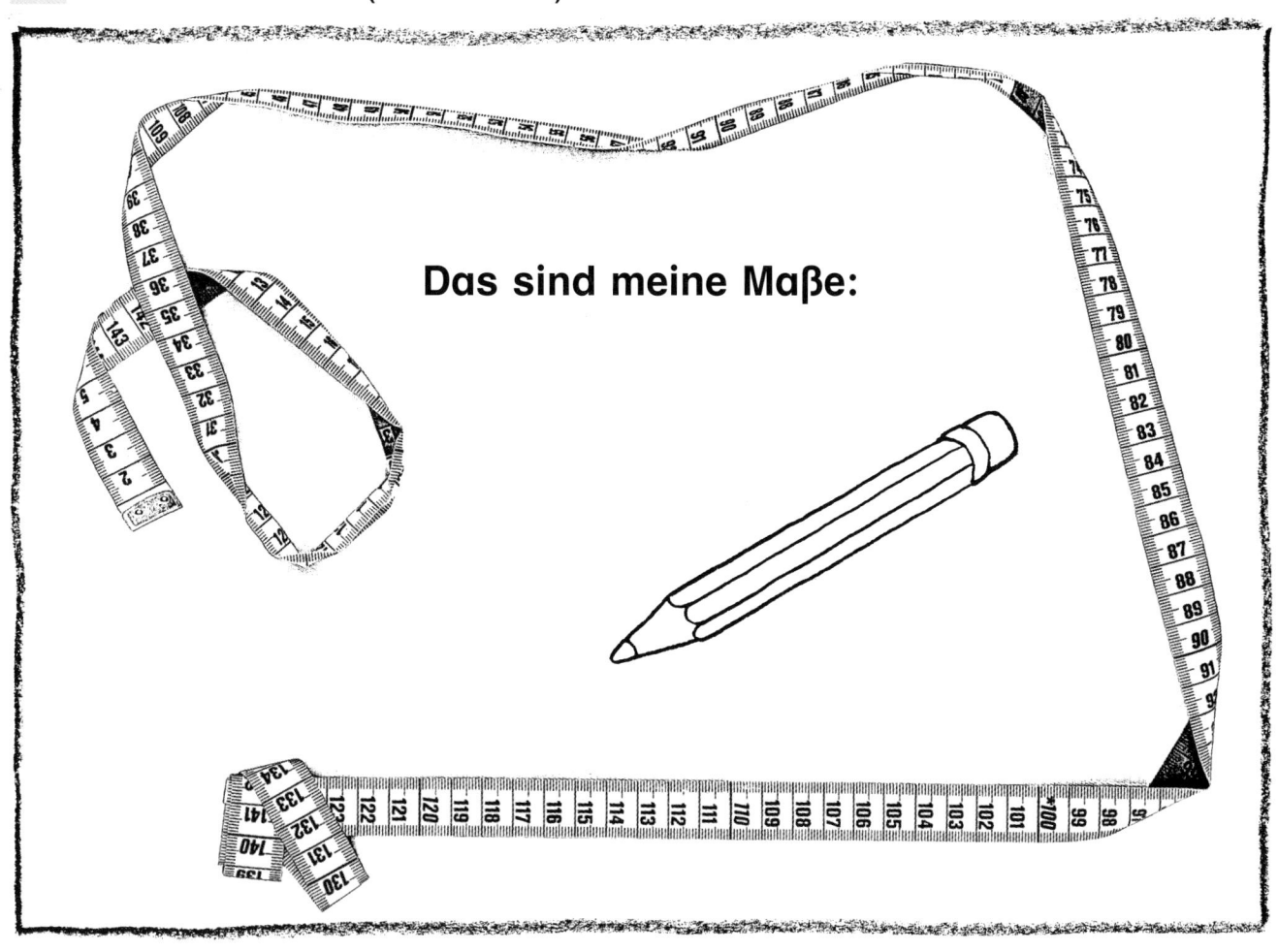

Das sind meine Maße:

Das ist mein Auge:

M 4: Das ICH-BIN-DA-BUCH (Stationskarten)

Das ist meine Hand:

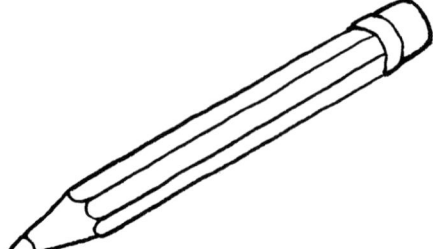

Das ist meine Familie:

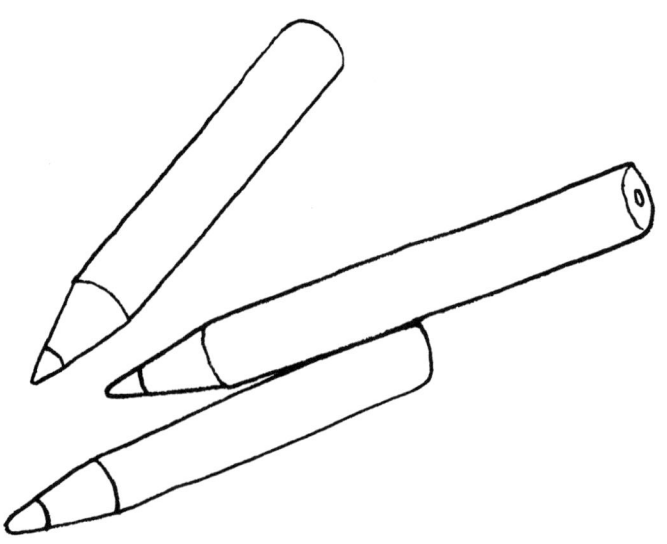

M 4: Das ICH-BIN-DA-BUCH (Stationskarten)

Ich fühle mich wohl!

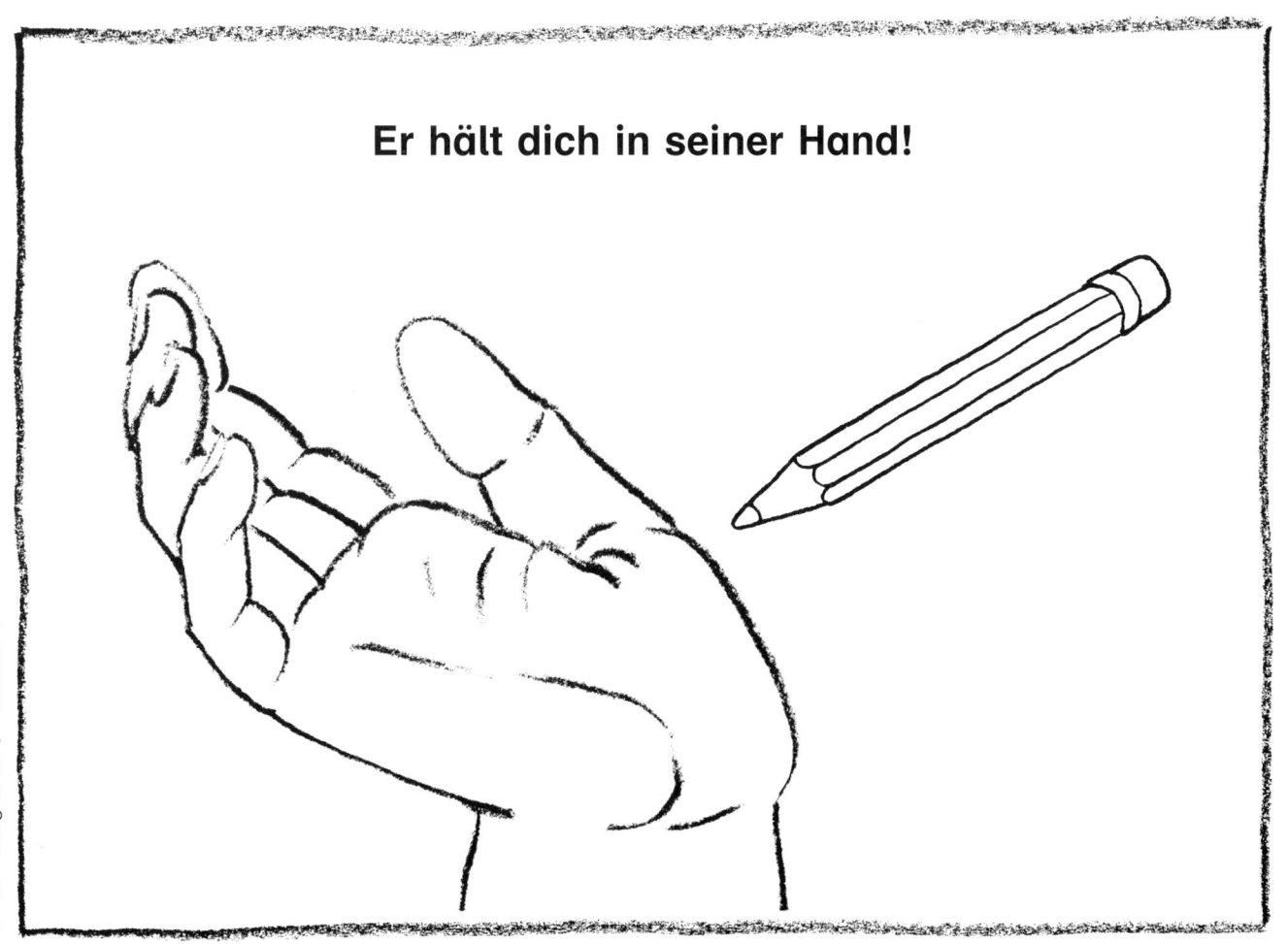

Er hält dich in seiner Hand!

M 5: Steckbrief

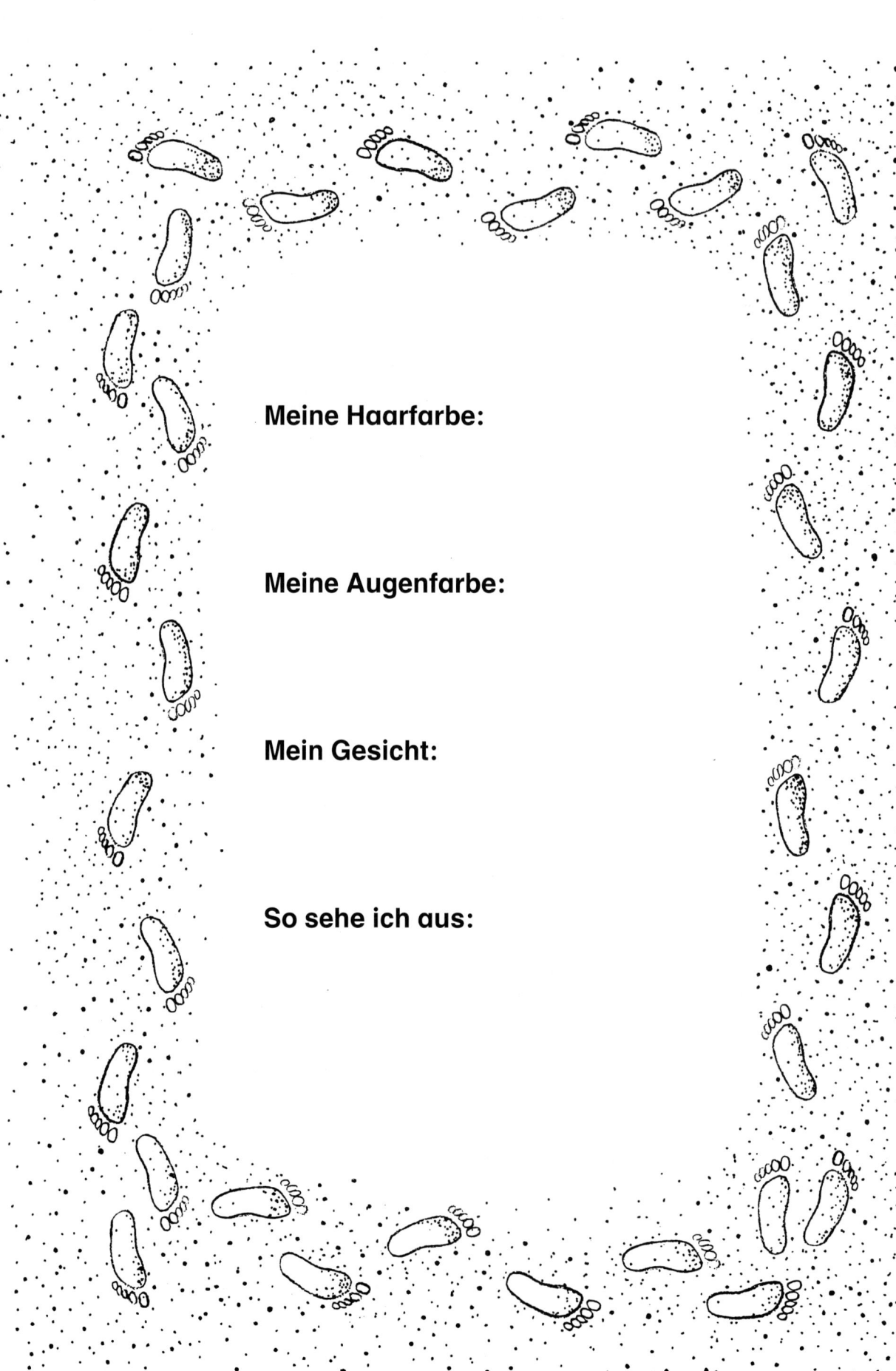

Meine Haarfarbe:

Meine Augenfarbe:

Mein Gesicht:

So sehe ich aus:

M 6: Ich habe einen Kopf

Text: Rolf Krenzer © Rolf Krenzer
Melodie: Ludger Edelkötter
© KiMu Kinder Musik Verlag GmbH,
45219 Essen

[Noten: Ich ha-be ei-nen Kopf, zwei Ar-me hab ich auch und ei-nen, ei-nen, ei-nen run-den Bauch, und ei-nen, ei-nen, ei-nen run-den Bauch.]

3. Die Augen, die sind hier.
   Der Mund, mit dem man spricht.
   Die Nase, Nase
   ist mitten im Gesicht.

4. Ich hab' ja so viel Haar.
   Und Füße, um zu stehn.
   Und Muskeln, Muskeln,
   das kann ein jeder sehn.

5. Zehn Finger hab ich hier.
   Zehn Zehen wackeln froh.
   Und hinten, hinten,
   da hab ich noch den Po.

6. Die Beine, um zu gehn.
   Die Ohren, die sind hier.
   Jetzt weißt du, weißt du,
   weißt du viel von mir.

7. Wir haben einen Kopf,
   und in dem Kopf Verstand.
   Und denken, denken
   uns so allerhand.

8. Ja, alles, was ich hab,
   das hast du ebenso.
   Drum tanzen, tanzen,
   tanzen wir so froh.

M 7: Tino denkt nach

Tino sitzt im Garten und denkt nach.
Er denkt nach, wer er wäre, wenn er nicht er selber wäre.
Tino sieht den Rauchfangkehrer auf der Straße vorübergehen. Der Rauchfangkehrer winkt über den Zaun. Sein Gesicht ist schwarz von Ruß. Seine Hände sind schwarz. Sogar sein Hals ist schwarz. Der Rauchfangkehrer gefällt Tino.
„Der könnte ich sein", denkt er.
Tino sieht eine Libelle durch die Luft sausen. Sie surrt wie ein kleiner Hubschrauber. Ihre Flügel glänzen in der Sonne. Die Libelle gefällt Tino. „Die könnte ich sein", denkt er.
Tino sieht einen kleinen Vogel, der einen Wurm aus der Erde zieht. Ein größerer Vogel mit schwarzen Federn und gelbem Schnabel fliegt herbei. Er drängt den kleinen Vogel beiseite, pickt den Wurm auf und fliegt davon. Der kleine Vogel schüttelt seine Flügel. Er hüpft durch das Gras und sucht einen neuen Wurm, aber er findet keinen.
Tino denkt: „Der große starke Vogel könnte ich sein. Ich hätte aber auch der kleine, schwache Vogel sein können, dem der Wurm weggenommen worden ist."
Tino denkt weiter.
Tino sagt: „Ich hätte auch der Wurm sein können."
Und Tino ist sehr froh, dass er er selber ist.

Lene Mayer-Skumanz

M 8: Maskenvorlage

M 9: Gott spricht

Gott spricht:

Ich habe dich,
bei deinem Namen gerufen.
Fürchte dich nicht,
denn ich bin bei dir,

Du,
bist mein Kind und ich liebe dich.

M 10: Symbolkarten

Fischer u. a.: Ich bin da 1, Lehrerhandbuch
© Auer Verlag GmbH, Donauwörth

2. Gott suchen

Darum geht es

Theologische Perspektive

Zu allen Zeiten haben Menschen überall auf der Welt die Frage nach Gott gestellt. Dabei gibt es nicht die eine Antwort, die alle Fragen löst. Das Christentum bekennt sich zu dem einen, dreifaltigen Gott, der sich in seinem Sohn offenbart hat als die Liebe, die der Heilige Geist bewirkt. Viele bildreiche Aussagen über Gott sind uns vor allem in den Texten der Bibel zugänglich. Doch auch sie führen unsere Suche nicht endgültig ans Ziel. Trotz vielfältiger Offenbarungen, trotz des Reichtums an Erfahrungen, die die Menschen im Laufe der Geschichte mit Gott machen dürfen, bleibt er immer der verborgene Gott, der ganz andere, der letztlich Unbegreifliche. All das zeigt uns, dass der Weg zu Gott immer wieder aufs Neue ein Weg des Suchens ist. In der langen Geschichte Gottes mit den Menschen haben sich Menschen immer wieder von Neuem auf die Suche begeben. Dabei begegneten sie Jesus, der Gott als seinen himmlischen Vater vorstellt, zu dem wir „du" sagen dürfen. Ihm verdanken wir das innigste Vertrauensverhältnis zu Gott auch dann noch, wenn wir die Erfahrung des Kreuzes, der Angst und Verlassenheit in uns tragen. Gott bleibt die Quelle des Lebens über alles Leid der Welt hinaus als der gute Hirte oder der, der den Menschen liebt, bedingungsloser noch als Vater und Mutter ihr Kind.

Religionspädagogische Leitlinie

Das vorliegende Kapitel schließt sich an das erste Kapitel des Schülerbuches an, das zu Beginn des schulischen RUs die Kinder selbst in den Mittelpunkt gestellt hat: Der Einzelne darf sich im Glauben aufgehoben fühlen in der Hand Gottes. Wir beginnen unseren Weg mit verbundenen Augen und erfahren, dass wir auch ein inneres Auge haben, mit dem es mehr zu entdecken gibt als nur die Oberfläche aller Dinge. Wie das Ganze mehr ist als die Summe seiner Teile, so ist Gott größer als alle Bilder und Worte von ihm aussagen können. Dennoch bleiben wir auf der Suche nach ihm angewiesen auf die symbolische Sprache. Sie kreist das Wesenhafte dessen ein, das sich hinter dem Gottesnamen verbirgt. Der Themenkreis *Gott suchen* hinterfragt so zunächst die erste Wahrnehmungsnaivität und öffnet mit geläufigen Metaphern dann den Blick der Kinder für die symbolische Sprache, in der wir über Gott ins Gespräch kommen können: Hirte, Quelle, Licht, Haus … Hinter allem steht das große Fragezeichen, das uns neugierig und sehnsüchtig machen will auf die Suche nach Gott. Sie wird vorsichtig begonnen, schrittweise entfaltet und mit der Sehnsucht des Menschen nach Sinn und Geborgenheit verbunden, bevor mit dem Psalm 23 eines der ältesten und schönsten biblischen Gottesbilder vom guten Hirten als Glaubenszuspruch angeboten wird.
Sich selbst in der Hand Gottes geborgen fühlen – das ist die Grundlage für jeden weiteren theologischen Zuspruch und Anspruch. In diesem unbedingten Urvertrauen kann der Glaube Wurzeln schlagen, wachsen und reifen. Ein so positiv verankertes Gottesbild wird später durchaus belastet werden und manche Belastungsprobe aushalten müssen, wenn die großen Fragen kommen, die das Leben aufwirft.

Lernanliegen

Wir beginnen unsere Lernsequenz mit einer Wahrnehmungsübung, die uns verdeutlicht, dass fast alles auf der Welt mehr ist, als es unmittelbar den Anschein hat. Damit öffnen wir auf spielerisch einfache Weise die Transzendenzdimension, die jeder zu vermittelnden Religiosität innewohnt. Diese wird fortlaufend auf die (jüdisch-)christliche Gottesvorstellung hin konkretisiert, wie sie uns vor allem in der Überlieferung der Bibel geschenkt ist und etwa im Bild des guten Hirten einen bedeutsamen Ausdruck findet. Dies mündet darin, eine Vielfalt eigener Gottesbilder zu entwickeln, sodass sich zum Ende der Lernsequenz die notwendige Weite ergibt, eigene Vorstellungen und Erfahrungen mit der Glaubenstradition, auf deren Spur wir uns begeben haben, zu verbinden.

Lernertrag

Wir haben uns auf die Suche nach Gott begeben – eine Suche, die längst nicht abgeschlossen ist. Sie wird uns noch lange begleiten. Die Frage nach Gott bleibt eine offene Frage, die man aushalten und immer wieder neu beantworten muss.
In vielen Bildern und Metaphern haben wir von ihm zu sprechen gelernt, wohl wissend, dass wir – wie die Blinden bei dem Elefanten – immer nur Teilaspekte von dem erfassen, erfahren und begreifen können, was sich hinter dem Gottesnamen als großes Geheimnis des Lebens und Glaubens verbirgt.
Gott ist der erste und letzte Lebensgrund für uns, dem wir vertrauen dürfen, was auch kommen mag. Der Zusage Gottes „Du bist mein Kind!" aus dem Kapitel *Ich* entgegnet der Psalmist mit den bekennenden Worten: „Muss ich auch wandern in finsterer Schlucht, ich fürchte kein Unheil, denn du bist bei mir.".
Im Gebetslied „Halte zu mir, guter Gott" klingt dieser Anspruch und Zuspruch nach und begleitet uns auf der lebenslangen Suche nach Gott.

Prozess-Schritte: Übersicht

Gott suchen	Prozess-Schritte
1. sehen + entdecken	Das Grundthema des Kapitels berührt unmittelbar ein Kernthema des RUs. In ihren alltäglichen Lebensräumen begegnen die Kinder dem Thema Gott, dem Fragen nach ihm, Geschichten oder Bildern, die von Gott erzählen, immer seltener. Darum steht eine gemeinsame, thematisch freie **Entdeckungsreise** im Mittelpunkt des ersten Lernschritts: Wir entdecken unterschiedliche Gegenstände mit allen Sinnen und wir entdecken gemeinsam ein Bild. So lernen wir, nach Dingen zu forschen, über die wir wenig oder noch gar nichts wissen.
2. fragen + finden	Konkrete Entdeckungen und erste gewonnene Einsichten lassen das Grundmotiv deutlicher hervortreten: Die Frage nach Gott. Weil wir Gott nicht sehen können, nicht wissen, wo und wie er wohnt, ihn nicht einfach besuchen können, sammeln wir unsere Fragen und lernen, noch viel tiefer zu fragen, als wir es bisher kannten. Wir versuchen, Gott auf die Spur zu kommen, **seine Spur im Leben der Menschen und mitten unter uns** zu entdecken.
3. hören + sagen	Wir entdecken gemeinsam konkrete **Bilder, mit deren Hilfe sich Menschen in nah und fern von Gott erzählt haben,** und tauschen uns darüber aus. Wir bringen die Bilder in unseren Sinnhorizont, indem wir uns allen Motiven ungelenkt nähern. Nach und nach entstehen eigene Bilder, die vielfältig gestaltet und gestalterisch ausgedrückt werden. Ein erstes Gebet kann zu diesem Zeitpunkt gelingen.
4. träumen + trauen	Eine **Fantasiereise** eröffnet uns die Möglichkeit, innere Bilder wachsen und reifen zu lassen. Die Reise an den schönsten Ort der Welt, an **meinen Ruheplatz** fordert die innere Vorstellungskraft, lässt ihr freien Lauf und hilft, sich eigenen Bildern zu nähern.
5. glauben + (be)kennen	Im **Bild des guten Hirten in Psalm 23** wird eines der bekanntesten und bedeutsamsten jüdisch-christlichen Gottesbilder in den Vordergrund gerückt. In diesem Bild begegnet Gott den Kindern als der, der das Leben liebt und schützt, der sich dafür einsetzt und nie aufgibt, um ein Leben zu retten. So wird in eindrücklicher Weise die Gottesverkündigung der Bibel auf den Punkt gebracht: Gott ist da und wird da sein. Dieses Bild erschließen wir uns auf vielfältige, ganzheitliche Weise. Wir reihen uns ein in eine fast 3000 Jahre alte Tradition der Menschen, die Gott suchen: Wir beten einen Psalm (Psalm 23).
6. leben + gestalten	Gott, dem wir in Formen, Bildern, Farben, Klängen, auf einer Entdeckungsreise, in der Stille, bei Musik auf die Spur gekommen sind, nehmen wir mit in unser Leben, indem wir uns selbst den Weg öffnen, dem wir weiter folgen möchten: Wir gestalten **Andachtsbilder** – für uns selbst oder zum Verschenken; wir singen gemeinsam ein Lied von Gott und beten Psalm 23. Wir betrachten gemeinsam, welchen Weg wir auf unserer Suche nach Gott bis hierher zurückgelegt haben.

Methoden	Medien	
	Leitmedium	Begleitmaterial
Wahrnehmungsübungen: Wir entdecken mit verbundenen Augen unterschiedlichste Dinge. **Bildbetrachtung:** Was erzählen die Kinder über den Elefanten, den sie befühlen? **Gestaltungsaufgabe:** Wir malen einen Teil eines Elefanten.	SB S. 11: Kinder entdecken mit verbundenen Augen einen Elefanten	Gegenstände: Schöpfkelle, Besen, Gießkanne, Bürste etc., Tücher **M 1:** Geschichte „Von den Blinden und dem Elefanten" Malutensilien
Bildbetrachtung mit Überschrift: Welcher Zusammenhang besteht zwischen dem Bild und der Überschrift? **Unterrichtsgespräch und Gestaltungsaufgabe:** Wir äußern unsere Bilder von Gott. **Hören und Erarbeiten des Gedichts**	SB S. 11: Kinder entdecken mit verbundenen Augen einen Elefanten **M 2:** Gedicht „Das möchte ich wissen"	Malutensilien
Bilderschließung und Unterrichtsgespräch: Wir setzen uns mit Gottesbildern auseinander. **Gestaltungsaufgabe:** Wie sieht mein Gottesbild aus? **Gebetsrunde:** Wir beten gemeinsam „Gott, du bist für mich wie …"	SB S. 12–13: Fotos, die auf ganz unterschiedliche Weise von Gott erzählen. Wovon erzählen sie noch?	Malutensilien Kerze für Gebetskreis
Wahrnehmungsübung: Wir hören und schulen unsere Achtsamkeit. **Fantasiereise:** Wir begeben uns auf die erste Fantasiereise im RU. **Gestaltungsaufgabe:** Wie sieht mein Lieblingsplatz aus?	**Fantasiereise** zum schönsten Ort der Welt, zu „meinem Lieblingsplatz"	Triangel o. Ä. für die Hörübung **M 3:** Fantasiereise Meditative Musik Zuckerkreide/ schwarzes Tonpapier
Wahrnehmungsübung: Wir erschließen das Hirte-Schaf-Motiv. **Bildbetrachtung und -erschließung:** Wir setzen uns mit einem Kunstbild auseinander. **Gestaltungsaufgabe:** Wir malen die Landschaft, die in Psalm 23 beschrieben wird. **Andacht**	SB S. 14–15: S. Köder: „Der guter Hirte" Psalm 23	Schafwolle bzw. alternativ Watte **M 4:** Ausmalbild „Der gute Hirte" Plakate, Wachsmalstifte
Gebet: Wir beten Psalm 23 **Lied:** Wir singen gemeinsam das Lied „Mein Gott". **Gestaltungsaufgabe:** Wir basteln Aufstellkarten vom guten Hirten. **Sprechsteinrunde:** Wir fassen unsere Gottsuche bis hierher zusammen.	SB S. 16: „Mein Gott" (Lied)	**M 5/6:** Kopiervorlagen für die Aufstellkarten Malutensilien

So gehen wir günstig vor

👁 1. sehen + entdecken

Leitmedium: Elefantenbild (SB S. 11)

Eine Gruppe von Jungen und Mädchen entdeckt mit verbundenen Augen einen riesigen Elefanten. Da sich die Kinder je nur einen bestimmten Teil des Elefanten vornehmen, machen sie ganz unterschiedliche, scheinbar widersprüchliche Entdeckungen: der zierliche Schwanz, die flatterigen Ohren, die einem Baumstamm ähnelnden Beine, der schlangenartige Rüssel, die runzelige Haut, die ebenmäßigen, schlanken Stoßzähne, der runde Hintern, der unendlich große Körper …!
Das Bild verdeutlicht die vorangegangene Eingangsübung: Mit verbundenen Augen „sehen" auch bekannte Dinge, sieht schließlich die Welt ganz anders aus als gewohnt; auch Widersprüche tun sich auf. So erleben die Kinder auf anschauliche Weise einen Perspektivenwechsel: Die subjektive Wahrnehmung (= reduzierte Wahrnehmung) kommt ins Spiel, die alles „kleiner" macht, da sie eben nur eine von vielen Wahrnehmungen ist. Hier bedeutet diese Sensibilisierung: So wie die Kinder mit verbundenen Augen nicht den ganzen Elefanten erfassen können, können die Menschen Gott nicht als Ganzes erfassen.
Die Perspektive, die die Kinder am Ende dieses Kapitels gewinnen werden, ist die Perspektive nach oben: Gott strahlt über ihrem Leben – in Bildern von nah und fern, in Geschichten, die Menschen früher und heute von Gott erzählt haben, in Farben und Formen usw. Die Spuren Gottes in der Welt sind auch nah bei uns sichtbar. Vielleicht muss man dafür nur die Augen schließen.

Lernmöglichkeiten

Wir beginnen unsere Suche nach Gott mit einer kunterbunten Wahrnehmungsübung zu Beginn der Stunde. Zuerst geht es nur um die hier geübte Wahrnehmung.
Die Lehrkraft hat einige Dinge mitgebracht, die – ganz wichtig – unterschiedliche Eindrücke vermitteln, weil an zwei verschiedenen Stellen der Gegenstände gefühlt wird. Je nachdem, wo ich taste, habe ich eine unterschiedliche Wahrnehmung. Das können zum Beispiel eine Schöpfkelle, eine Gießkanne, ein Besen oder ein Schrubber sein. Nun sollen je zwei Kinder vor der Klasse oder in (Klein-)Gruppenarbeit mit verbundenen Augen die Gegenstände ertasten. Jedes Kind fasst immer nur eine der beiden Seiten an, was dazu führt, dass beide Kinder ganz unterschiedlich von dem Gegenstand berichten werden. Beispielsweise bei der Schöpfkelle: lang und dünn bzw. rund und tief!

Durch die Übung erfahren wir, dass Dinge, die wir nicht sehen können, schwer zu beschreiben sind. Verschiedene Vorstellungen oder Antworten über dieselbe Sache können nebeneinander richtig sein, denn es kommt auf die Perspektive an. Viele Dinge zwischen Himmel und Erde sind als Ganzes mehr als die Summe ihrer Einzelteile. Antworten sind nicht immer leicht und eindeutig zu geben, und oft genug gibt es eben nicht die eine richtige Antwort.
Die Erfahrungen der Eingangsübung fließen schließlich in die Bildbetrachtung des Titelbildes ein. Wir nehmen uns Zeit und lassen die Kinder auf dem Bild sprechen: Wer entdeckt hier was, und wie wird das Entdeckte beschrieben? Reden tatsächlich alle Kinder über dieselbe Sache? Wir geben den Gedanken Raum und hören dazu die frei nach Buddha überlieferte Geschichte „Von den Blinden und dem Elefanten" (➡ **M 1**).
Im Anschluss überlegen wir uns, welche Gedanken wir bei der Geschichte hatten. Was ist uns durch den Kopf gegangen, als wir der Geschichte zugehört haben? Gemeinsam schauen wir uns die Seite im Buch an und versuchen, uns in die Lage der einzelnen Kinder zu versetzen.
„Stell dir vor, du stehst auf der Leiter. Was fühlst du?"
„Stell dir vor, du bist das Kind, das am Schwanz des Elefanten steht …"
Wir versuchen zu beschreiben, was die Kinder auf dem Bild fühlen.
Im Anschluss daran malen die Kinder einen Teil des „Gefühlten", d. h. sie malen einen Ausschnitt des Elefanten. Zum Schluss der Stunde werden alle Bilder zusammengelegt und betrachtet.
Welches Bild gehört wohin? Welcher Teil des Elefanten ist abgebildet? Gibt es Teile doppelt? Warum sehen alle Ohren/Rüssel/Schwänze … unterschiedlich aus?

❓ 2. fragen + finden

Leitmedium: Gedicht „Das möchte ich wissen" (M 2)

Das Gedicht möchte – ganz unvermittelt – die große Frage nach Gott wecken, Fragen in den Kindern wachrufen, die schließlich auf ihre ganz eigene Weise die Gottesfrage stellen und vielleicht auch erste, mutige Antworten finden werden. Inspiriert durch das Gedicht folgen wir der Spur Gottes, die wir im ersten Lernschritt aufgenommen haben.

Lernmöglichkeiten

Wir schlagen das Schülerbuch auf Seite 11 auf und lesen gemeinsam die Kapitelüberschrift.

Die Lehrkraft stellt die Fragen:
Was könnte das bedeuten? Wieso sollen wir Gott suchen?
Im anschließenden Unterrichtsgespräch sammeln wir alles, was wir von und über Gott wissen.
Wo ist Gott? Wer ist Gott? Was weiß ich von Gott? usw.
Wir versuchen, unsere Augen zu schließen.
Welche Bilder kommen in uns auf, wenn wir an Gott denken? Was sehen wir vor uns, wenn wir an Gott denken? Wir versuchen, diese Bilder, die wir vor unserem inneren Auge sehen, zu malen. Wir versuchen, unsere Vorstellung von Gott zu Papier zu bringen. Die Bilder der Kinder können vorgestellt, ausgestellt oder auch miteinander verglichen werden.
Wichtig ist unsere Feststellung: Wir wissen nicht, wie Gott ist, also müssen wir suchen! Wo könnten wir mit unserer Suche beginnen? Wir müssen Fragen stellen!
Die Lehrkraft kündigt den Kindern an, dass jemand schon einmal darüber nachgedacht hat und alles aufgeschrieben hat. Gemeinsam hören wir das Gedicht „Das möchte ich wissen" (➡ M 2), welches von der Lehrkraft vorgetragen wird. Wie reagieren die Kinder auf die einzelnen Fragen? Was sind ihre spontanen Antworten? Gemeinsam wiederholen wir einzelne Fragen aus dem Gedicht. Welche Frage aus dem Gedicht war für uns besonders wichtig? Welche Frage interessiert mich sehr? Habe ich Fragen, die ich ergänzen möchte?
Als Hausaufgabe fragen die Kinder zu Hause oder bei Verwandten/Freunden, welche Vorstellung diese von Gott haben. Welche Bilder haben andere im Kopf, wenn sie an Gott denken? Wo können wir etwas über Gott herausfinden? Wir begeben uns auf die Suche nach Gott und versuchen, bis zur nächsten Stunde möglichst viele Antworten zu finden.
Wenn in der Stunde noch Zeit bleibt, können die einzelnen Strophen des Gedichtes von den Kindern mit bunten Bildern verziert und in die Religionsmappe geheftet werden.

Weitere Anregungen

- **Schatztruhe**: Wir gestalten gemeinsam eine Schatztruhe, in der wir unsere Gottesspuren sammeln.

3. hören + sagen

Leitmedium: Fotos (SB S. 12–13)

Ganz verschiedene Fotografien öffnen uns den Blick für Bilder, die Menschen in nah und fern gewählt haben, um ihre Sehnsucht nach Gott, ihre inneren Bilder auszudrücken und gleichsam von Gott zu erzählen: ein Regenbogen, die Sonne, eine Wasserquelle, eine Kerze, ein Hirte mit seiner Herde, ein Haus, eine Brücke, ein Weg, eine Blüte (Schöpfung), eine Mutter mit Kind (Geborgenheit/Trost) und auch ein leeres Bild mit einem Fragezeichen. Zuerst sollen sich die Kinder ganz ungelenkt den Motiven nähern, sie beschreiben, nennen Bekanntes und Unbekanntes und erzählen davon. Das Fragezeichen will dazu ermutigen, andere Bilder für Gott zu finden oder Fehlendes zu benennen. Nach und nach versuchen wir unsere eigenen, ganz persönlichen Bilder zu entwickeln und ihnen eine Gestalt zu geben.

Lernmöglichkeiten

Zu Beginn der Stunde tragen die Kinder zusammen, was sie zu Hause oder bei Freunden/Verwandten über Gott erfahren haben. Wo haben sie welche Antworten bei ihrer Gottessuche gefunden? Im Unterrichtsgespräch vergleichen wir unsere Antworten und Recherchen. Im Anschluss schlagen wir die Seiten 12 und 13 im Buch auf und versuchen, die Bilder zu erschließen, indem wir sie benennen, beschreiben und zu ahnen versuchen, was die Motive erzählen möchten. Welches Bild erzählt schon auf den ersten Blick von Gott? Mit welchem Bild könnte auch ich von Gott erzählen? Welches Bild sagt für mich gar nichts über Gott aus? Was könnte das Bild mit dem Fragezeichen bedeuten? In der Arbeitsphase zeichnet jedes Kind auf ein kleines Blatt Papier ein Bild für das Kästchen mit dem Fragezeichen. Hier haben die Kinder die Möglichkeit, ein eigenes, neues Bild zu malen (Natur, Umwelt …) oder sich ein bereits auf der Seite vorhandenes Motiv auszusuchen und dieses neu zu gestalten. Die Frage, die uns dabei beschäftigt ist: „Wie ist Gott für mich?"
In einer abschließenden Runde versammeln wir uns zu einem ersten persönlichen Gebet im Kreis, in dessen Mitte eine brennende Kerze steht. Jeder, der möchte, formuliert aus seinem Bild heraus einen Satz, den er als Anrede an Gott spricht: „Gott, du bist für mich wie …"
Die Lehrkraft fasst in einem abschließenden Satz das Gesagte zusammen: „Amen."

Weitere Anregungen

Für Kinder, die Schwierigkeiten haben, ein Motiv zu finden und dieses zu gestalten, können Postkarten mit verschiedenen Motiven oder Symbolen ausgelegt werden. Daraus können die Kinder auswählen.

4. träumen + trauen

Leitmedium: Fantasiereise (M 3)

In dieser Lernsequenz öffnet sich den Kindern während einer Fantasiereise ein Raum, der dafür da ist, innere Bilder wachsen zu lassen. Es geht hier zuerst um die Förderung einer inneren Sensibilität. Thematisch führt die Reise zu Psalm 23 hin. Der Ort, an den Gott mich führt, wird in den Vordergrund gestellt.

Lernmöglichkeiten

Wir beginnen mit einer Konzentrationsübung, die beruhigt und die Bereitschaft zu lauschen wecken soll. Dafür eignen sich einfache Hörübungen wie etwa: Wer hört den zarten Laut der Triangel zuerst? Von woher höre ich ihn? Ist es nur ein Ton? Sind es zwei?
Aus der Ruhe unserer Eingangsübung heraus macht es sich jeder auf seinem Platz bequem, da wir uns auf eine gemeinsame Reise begeben wollen, die einige Zeit dauert. Die Klasse wird atmosphärisch gestaltet. Musik begleitet uns in unseren Gedanken. Unsere Fantasiereise an den schönsten Ort der Welt, an den Platz, an dem ich mich wohl fühle, beginnt (➡ M 3).
Nachdem alle genug Zeit hatten, in ihre eigene Fantasiewelt einzutauchen und in ihr spazieren zu gehen, sollen gezielte Fragen der Lehrkraft einzelne konkrete Aspekte hervorlocken: Wie sieht dein schönster Ort aus? Ist es dort laut oder leise, kunterbunt oder durch einzelne Farben geprägt? Welche Menschen sind bei dir? Kannst du eine oder mehrere Stimmen hören? Welche Farbe hat der Himmel? Kommt Gott in deinem Traum vor? Wenn nicht, welche Rolle könnte er dennoch spielen?
Als Gestaltungsaufgabe malen die Kinder ihren Ort mit Zuckerkreide auf schwarzes Tonpapier. Die Arbeiten können aufgehängt oder in der Religionsmappe abgeheftet werden.

5. glauben + (be)kennen

Leitmedium: S. Köder „Der gute Hirte"/Psalm 23 (SB S. 14/15)

Kein Mensch hat Gott je gesehen, trotzdem gibt es unendlich viele Geschichten und Bilder über und von Gott – vor allem in der Bibel. Die biblische Erzählung vom guten Hirten ist in ihrem bunten Bild und im Wort von Psalm 23 Leitmedium, um eines der äußerst bedeutsamen Gottesbilder der jüdisch-christlichen Tradition kennenzulernen: „Gott ist wie ein guter Hirte". Kaum ein anderes Bild von Gott hat bis heute in der Geschichte des Christentums eine so breite Wirkung erreicht.

Lernmöglichkeiten

Zu Beginn unserer Lernsequenz versammeln wir uns im Sitzkreis. Alle schließen die Augen oder lassen sich die Augen mit einem Tuch verbinden. Die Lehrkraft legt jedem Kind ein Stück Schafwolle (alternativ Watte) in die Hand und lässt die Kinder raten, was sie in den Händen halten. Die Kinder versuchen durch Fühlen und Beschreiben zu erkennen, was sie in die Hände gelegt bekommen haben und tauschen sich darüber aus.
Über die Schafwolle erschließen wir uns in inneren Bildern ein Schaf bzw. eine Schafherde. Wer hat schon mal ein Schaf oder eine Schafherde gesehen? Wer möchte davon erzählen? Sind Schafe starke oder verletzliche Tiere? Wie viel Schutz brauchen sie? Wie werden Schafe beschützt?
Während der Bildbetrachtung des guten Hirten lernen die Kinder schließlich in diesem Motiv eines der ganz zentralen jüdisch-christlichen, d. h. biblischen Gottesbilder kennen, ein Bild, das Menschen seit fast 3000 Jahren weitergeben, wenn sie von Gott sprechen. Gemeinsam nehmen wir das Bild unter die Lupe: Was und wen sehen wir? Was ist in welchen Farben dargestellt? Wer ist der, der das Schaf hält? Finden wir auch eigene Bilder wieder, die wir auf unserer Suche nach Gott entdeckt haben?
Die Lehrkraft berichtet, dass auch Jesus in diesem Bild von Gott gesprochen hat, so wie die Menschen in Israel schon 1000 Jahre vor Jesus so von und zu Gott gesprochen haben. In Psalm 23 lernen die Kinder das biblische Gebet kennen, das sich mit dem Bild von Gott als dem guten Hirten verbindet – vielleicht hören sie es nicht nur an, sondern können den Worten folgen.
Wir hören den Psalm erneut und beginnen als Gestaltungsaufgabe die Landschaft des Psalms malerisch zum Ausdruck zu bringen. Dies geschieht in Gruppenarbeit. Die Kinder zeichnen mit Wachsmalstiften auf große Plakate die Landschaft des Psalms.
Wir schließen die Stunde mit einer kurzen Andacht, durch die die Lehrkraft mit den Elementen dieser Lernsequenz führt. So weich und warm wie die Wolle ist, so wohlig ist auch das Schaf auf der Schulter des Hirten. Im Kreis der Menschen, die sich über das gerettete Schaf freuen, wird auch der Hirte beschenkt. Gott ist der, der das Leben liebt und schützt, der sich dafür einsetzt und nie aufgibt, um ein Leben zu retten.

Weitere Anregungen

- **Ausmalbild:** Das Bild des guten Hirten (➡ M 4) können wir für unsere Religionsmappe verwenden. Alternativ können wir unsere Bilder auch in unsere Schatztruhe legen.

6. leben + gestalten

Leitmedium: Lied „Bist du ein Haus" (SB S. 16)

Ein Lied, das Gott direkt anspricht, ist das Leitmedium des letzten Lernschritts zu „Gott suchen". Es drückt unsere Suche nach Gott in Bildern aus und hilft uns, die Gottesspur nicht zu verlieren. Dazu dienen auch alle anderen Aktionen.

Lernmöglichkeiten

Wir beginnen die Stunde im Stehkreis und beten gemeinsam Psalm 23. So sind wir still geworden und auch wieder hineingenommen in das Thema der vorangegangenen Stunde.
Gemeinsam lernen wir nun das Lied „Bist du ein Haus" und versuchen, mehrere Strophen zu singen. Wichtig ist der Refrain des Liedes. Er sagt uns, dass Gott immer bei uns ist, auch wenn wir ihn nicht sehen können. Wir können Gott nicht ganz erfassen. Trotzdem ist er bei uns, wie im Bild des guten Hirten.
Um diese Erkenntnis auch anderen mitzuteilen, basteln wir Aufstellkarten (➡ M 6), um diese zu verschenken. Der Refrain des Liedes ist auf der einen Seite der Karte aufgedruckt. Auf die andere Seite zeichnen wir das Bild des guten Hirten oder ein anderes Gottesbild, welches uns im Laufe der Unterrichtsreihe begegnet ist. Die Karten können so geknickt werden, dass der Refrain des Liedes außen oder innen zu lesen ist. Der Rest der Karte kann frei gestaltet werden. Das, was wir gefunden haben, möge weite Kreise ziehen und auch anderen eine Freude bereiten. Natürlich können wir auch uns selbst eine solche Karte basteln, um sie z. B. an einen besonderen Ort zu stellen.
Wir schließen mit einer Sprechsteinrunde unsere Lernsequenz, indem wir zusammenfassen, welchen Weg wir auf unserer Suche nach Gott bis hierher zurückgelegt haben. Welche Rolle spielen dabei unsere vielen Bilder, die wir an verschiedenen Etappen erstellt haben?

Weitere Anregungen

- Wir überlegen gemeinsam, wem wir **von unseren Gottesbildern erzählen** können (unserer Mama, unserem Papa, unseren Geschwister, Opa, Oma, unseren besten Freunden).

Materialien

M 1: Von den Blinden und dem Elefanten

Ein König rief die Blinden seines Reiches zu sich. Dann ließ er einen Elefanten herbeibringen. Jeder Blinde hatte einen Körperteil des Elefanten zu berühren und anschließend über das Aussehen des Tieres zu berichten.

Die Blinden, welche den Kopf des Elefanten abgetastet hatten, sprachen: „Majestät, der Elefant ist wie ein großer, rauer Kessel."

Diejenigen, die den Rüssel betasteten, sagten: „Der Elefant ist wie ein großer, langer Schlauch."

Andere, welche sich mit den Ohren beschäftigt hatten, riefen: „Das Tier gleicht großen Schaufeln."

Und jene Blinden, die die Füße des Elefanten berührten, schrien: „Das stimmt nicht! Der Elefant ist eindeutig eine Art Stamm."

So ging es immer weiter. Jeder neigte dazu, das, was er ertastet hatte, für das ganze Tier zu halten. Unter dem Geschrei: „Der Elefant ist nur so und nicht so!" schlugen sich die Blinden bald gegenseitig mit Fäusten. Denn keiner wollte Zugeständnisse machen und nur das gelten lassen, was er selbst berührt hatte.

Der König aber war sehr betrübt und wurde sehr nachdenklich.

frei nach Buddha

M 3: Fantasiereise

Setze dich bequem auf deinen Stuhl.
Spüre, wie deine Füße den Boden berühren.
Versuche, deine Augen zu schließen.
Wenn du magst, kannst du deinen Kopf auf den Tisch in die Arme legen.
Hör ganz in Ruhe auf meine Stimme.
Spürst du, wie der Atem durch deine Nase in dich einströmt?
(Lesepause)

Höre nun, was ich dir erzählen werde.
Lass deinen Gedanken freien Lauf und stell dir in deiner Fantasie vor, wovon du jetzt hören wirst.

Stell dir vor, du kommst an den schönsten Ort der Welt.
Wo könnte dieser Ort für dich sein?
Wie sieht es dort aus?
Warst du schon einmal hier?
Du fühlst dich sehr wohl und auch ein bisschen stark.
Schau dich genau um an diesem Ort.
Was kannst du sehen? Schau auf den Boden und in die Luft.
Gibt es hier noch andere Menschen, oder bist du allein?
Kannst du etwas hören? Gibt es Stimmen oder andere Geräusche?
Vielleicht riechst du etwas?
Du bist ganz ruhig und fühlst dich glücklich und zufrieden.
Genieße noch einen Augenblick diesen schönen Ort und schau dir genau alle Farben an, die du hier erkennen kannst.
(längere Lesepause!)

Verlasse nun diesen Ort wieder.
Komme zurück in die Klasse.
Mache deine Augen auf, recke und strecke dich langsam, bis du wieder ganz hier bist.

M 2: Gedichtblatt „Das möchte ich wissen"

Mutter, sag doch: Gott, der Herr,
– Ich möchte es wissen, das ist so schwer –
Ist er ein Geist, eine Pflanze, ein Tier?
Ist er ein König und zeigst du ihn mir?

Mutter, sag doch, ich möchte, ich will
Endlich wissen: Warum ist Gott so still?
Spricht er nur in der Bibel, diesem Buch?
Kommt er nie zu uns zu Besuch?

Mutter, sag doch: Wohnt Gott im Himmel?
Ist dort ein schreckliches Engel-Gewimmel?
Hat er ein Haus, ein Bett und ein Kissen?
Muss er auch essen? Das möchte ich wissen!

Mutter, sag doch: Was macht Gott heute?
Kennt er wirklich alle Leute?
Ich möchte wissen: Sieht er durch Wände?
Hat er Augen und Ohren, hat er Hände?

Mutter, sag doch: Bringt Gott den Frieden?
Warum streiten sich die Menschen da drüben?
Macht dieser Gott denn wirklich auch Brot?
Sag, Mutter: Ist dieser Gott nie tot?

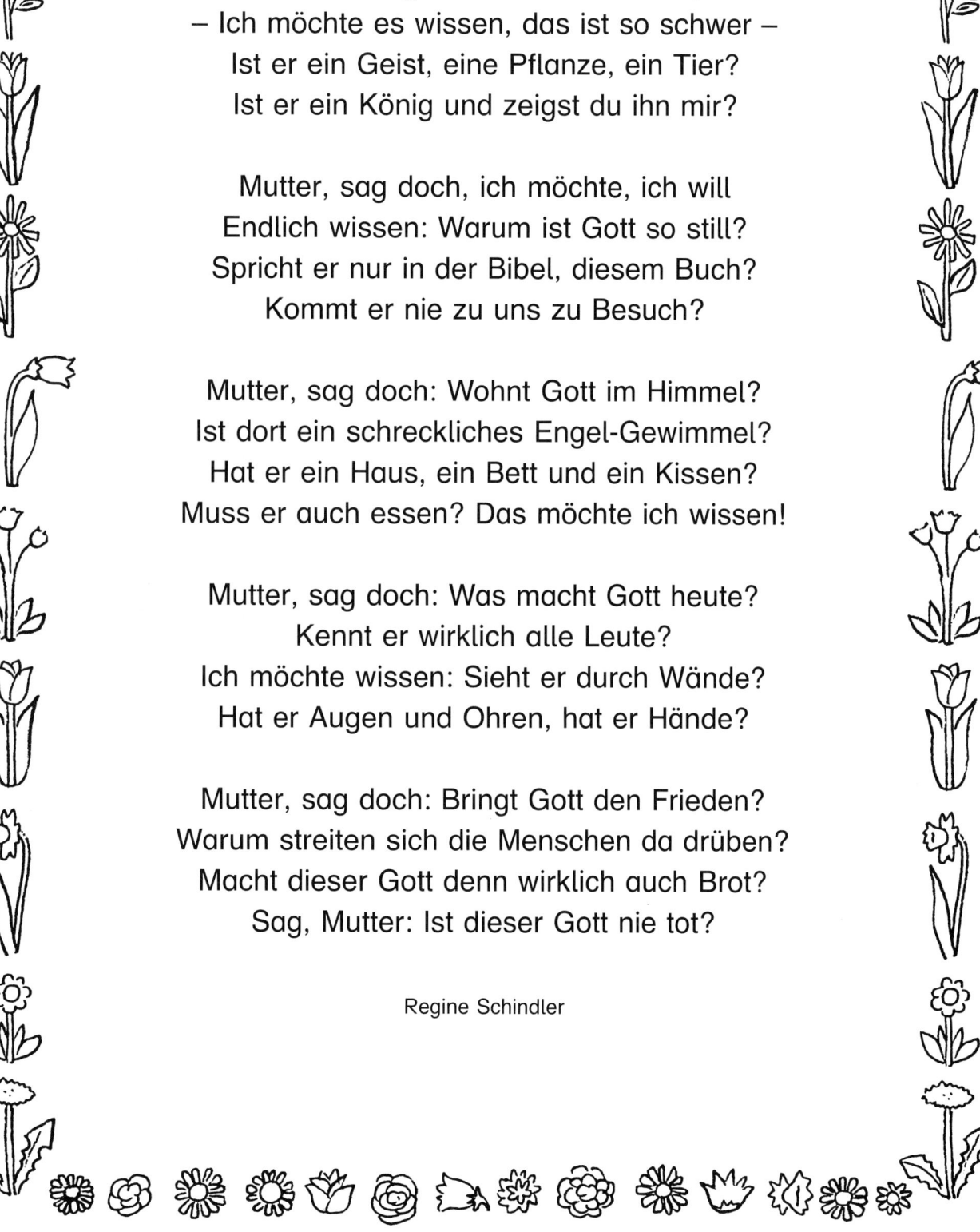

Regine Schindler

M 4: „Der gute Hirte" (Ausmalbild)

Fischer u. a.: Ich bin da 1, Lehrerhandbuch
© Auer Verlag GmbH, Donauwörth

M 5: „Der gute Hirte" (Aufstell- oder Passepartoutkarte)

ausschneiden

knicken

Fischer u. a.: Ich bin da 1, Lehrerhandbuch
© Auer Verlag GmbH, Donauwörth

M 6: „Bist du ein Haus" (Aufstellkarte)

ausschneiden
knicken

Mein Gott!

Ich kann dich gar nicht sehen,

und doch sagst du: „Ich bin bei dir."

Mein Gott!

Wie soll ich das verstehen?

Ich bitte dich: Komm, zeig es mir!

Fischer u. a.: Ich bin da 1, Lehrerhandbuch
© Auer Verlag GmbH, Donauwörth

3. Ich – du – wir

Darum geht es

Theologische Perspektive

Das Menschenbild verliert an Kontur, wenn es nicht an einem verlässlichen Gottesbild ausgerichtet ist. Eine Ethik, die sich einzig auf Mehrheitsmeinungen stützt, stößt dort an Grenzen, wo Interessen kollidieren und der Einzelne sich ausgeliefert fühlt. Aus dem Kräftemessen der Götter in babylonischen Zeiten fanden die Israeliten zurück zu ihrem einzigen Gott, der sich in der jüdisch-christlichen Überlieferung offenbart als der *Ich bin da* – Urgrund und Anspruch an das Gewissen des Einzelnen als sozial verantwortliches Wesen. „Weil ich dein Gott bin, brauchst du keine fremden Götter und hast allen Grund, mich und andere zu lieben wie dich selbst", so der Grundtenor der zehn Gebote, der auch in der Erklärung der Menschenrechte anklingt. Das unveräußerliche Recht auf Individualität und Lebensglück kann nur in einer Gemeinschaft bewahrt und verwirklicht werden, die diese Prämisse als goldene Regel hoch und heilig hält. Dazu bietet der christliche Glaube eine überzeugende Basis.

Religionspädagogische Leitlinie

Diesen weiten Bogen lohnt es sich zu schlagen, bevor wir uns daran machen, Kindern in ihren kleinen und großen Konflikten Lernhilfen anzubieten. In diesem Themenkreis *Ich und andere* geht es in Erweiterung des 1. Kapitels *Ich* nun um *die anderen*, um Sozialisation im religionspädagogischen Anspruch. Am Anfang der Schulzeit sollen hier die notwendigen Fundamente gelegt werden für das gemeinsame Lernen. Bevor die Glaubensdimension eingebunden wird, gilt es, die elementaren Voraussetzungen für ein gedeihliches Zusammenleben und -arbeiten in den Lernmittelpunkt zu rücken und schrittweise zu entfalten. Wie die Suche nach eigener Identität ihren letzten Grund im Gottvertrauen hat, so finden wir Halt in der gemeinsamen Sinnmitte, die uns in der Person Jesu und seiner einzigartigen Beziehung zu Gott begegnet.

Lernanliegen

Der Grad der Vertrautheit und gegenseitigen Akzeptanz ist entscheidend für die Qualität religiöser Lernprozesse in Gruppen. Das Kind sucht auf dem Weg zur Selbstfindung (Individuation) zwischen Eigenwilligkeit und Anpassung nach Orientierung (Sozialisation). Es braucht Raum für Selbsterfahrung mit Nähe und Distanz. Wer sich im Spannungsgefüge der Gruppe wahrnehmen will, sucht die Vogelperspektive. Von hier aus wird das komplexe Wechselgeflecht von Zuneigung und Ablehnung einsichtig. Dabei können Rollenverhalten und Beziehungen ins Spiel gebracht werden oder in kindgemäßen Erzählungen zur Sprache kommen. Auch biblische Geschichten werden verständlicher, wenn die Personen in ihren Beziehungen identifiziert und differenziert werden. Daneben bedarf es der Einübung fester Gesprächsmethoden. Sprechhemmungen gerade in intimen Fragen werden nur in einem Vertrauensklima abgebaut. Dabei kommt uns im Symbol der umkreisten Mitte Jesus entgegen: „Ich will euch Mitte sein". Über ihn sind wir miteinander verbunden als gleichberechtigte Kinder eines göttlichen Vaters. Es reicht nicht, den christlichen Geist nur zu beschwören, sondern er sollte zunehmend gerade auch im RU erfahrbar werden im gemeinsamen Lernen und Arbeiten.

Lernertrag

Wir lernen in der Schule nicht allein. Wir sind als Partner immer wieder aufeinander angewiesen. Wir erfahren, dass sich solche Beziehungen zwischen Menschen auf verschiedene Weise darstellen lassen. Wir können in unserer Religionsgruppe besser lernen, wenn wir uns immer wieder über unsere Beziehungen untereinander verständigen. Klare Methoden und Regeln helfen uns, ins Gespräch zu kommen über alles, was uns wichtig ist. Guter Teamgeist braucht eine gemeinsame Mitte, um die sich alles dreht. Im RU ist unsere Mitte Jesus. In seinem Geist sind wir eine kleine Glaubensgemeinschaft, Brüder und Schwestern in Christus.

Prozess-Schritte: Übersicht

Ich – du – wir	Prozess-Schritte
1. sehen + entdecken	**„Den anderen sehen lernen"**, so lautet das Grundmotiv. Wir brauchen einander – auch in der Schule. Hier lernen wir miteinander und voneinander. Dabei ist zu entdecken, dass jeder seinen eigenen Kopf, seine Zuneigungen und Distanzen hat. Aus der Vogelperspektive (Metaebene) werden Beziehungen untereinander einsichtig zur Sprache gebracht und neue Einsichten im sozialen Spannungsfeld ermöglicht.
2. fragen + finden	**Fragen zur Beziehungsebene** kreisen die Thematik weiter ein. Was weiß ich von anderen? Wie kann das Lernen und Leben in der Schule und in der Religionsgruppe gelingen? Was erwarte ich von anderen, was erwarten andere von mir? Wie können wir unser Lernen miteinander gestalten und fördern? Wir stoßen auf Beispiele der Kooperation in der Schulklasse und finden dabei gemeinsam erste Antworten.
3. hören + sagen	Das gemeinsame Lernen braucht Regeln und Rituale. Zuzuhören und sich mitzuteilen will geübt sein! Wir verständigen uns über **Grundregeln des Gesprächs** und üben sie ein. Kleine (Bild-)Geschichten im sozialen Lernfeld bilden die thematische Grundlage und bringen so Erfahrungen im Miteinander ins Spiel und zur Sprache.
4. träumen + trauen	Im Bild der umkreisten Mitte vermittelt sich die innere Vorstellung des Gemeinsinns. Das Wechselspiel der Gemeinschaft wird spürbar, der Zusammenhalt der Gruppe gestärkt durch die Vorstellung eines gemeinsamen Zentrums. „Seid eines Sinnes und Geistes", mahnt die Friedenstaube. **Hier korreliert die eigene Sehnsucht nach Halt und Gemeinschaft mit dem Anspruch Jesu.** Grundlage ist wachsendes Vertrauen zu sich und anderen, das wiederum dem Einzelnen Halt gibt.
5. glauben + (be)kennen	Jesus als Vertrauensgrund bietet sich auch der kleinen Religionsgruppe im Symbol der Mitte an. Der Glaubenszuspruch kommt aus dem Matthäus-Evangelium: **„Wo zwei oder drei in meinem Namen versammelt sind, da bin ich mitten unter ihnen!"** Jesus wird als Zentrum der Glaubensgemeinschaft in den Sinnhorizont gerückt. Wir sind alle gleichberechtigte Geschwister Jesu, Kinder Gottes, so das Grundbekenntnis der Christen. Es soll Gehör finden.
6. leben + gestalten	Der **Geist der Gemeinschaft** soll nicht nur beschworen, sondern hautnah zum Beispiel in Spiel und Tanz froh und beflügelnd erlebt werden. Er **wird spürbar in der Erfahrung einer tragfähigen Solidargemeinschaft** auch im alltäglichen Leben und beim gemeinsamen Lernen in der Schule. Im Geist Jesu gestalten wir zunehmend gemeinsam unseren RU. Damit ist die Richtung vorgegeben, auch wenn die ersten Schritte noch klein und mühsam erscheinen.

Methoden	Medien	
	Leitmedium	Begleitmaterial
Bildbetrachtung: Bei der Bildbetrachtung können wir so vorgehen: – Positionen nachstellen – Situationen dazu spielen und – miteinander besprechen – Geschichte hören – Beziehungsebene nachstellen	SB S. 17: Spielpüppchen **M 1:** Impulskarten zu Begegnungssituationen **M 2:** Erzählung „Willst du mit mir spielen?"	Spielpuppen
Bildbetrachtung und Unterrichtsgespräch: Wir vergleichen die Entdeckungen im Bild mit der eigenen Lerngruppe.	SB S. 18–19: Blick in eine Schulklasse **M 3:** Kindermutmachlied (Lied) **M 4:** Impulskarten mit typischen Lernsituationen	Zeichenutensilien
Gesprächsformen erarbeiten: Diese Methoden bieten sich an: – Meldekette – Sprechsteinrunde – Murmelgruppe – Blitzlicht Wir nutzen Geschichten zur Beziehungsebene als Sprechanlass.	**M 5:** Impulskarten Piktogramme mit Gesprächsregeln für die Sprechsteinrunde	Klangzeichen Sprechstein Rote Karte
Bildbetrachtung: Wir erspüren Halt und Kraft der Mitte im Bild. **Gestaltungsaufgabe:** Wir malen das Picasso-Motiv als Gruppenbild oder gestalten es mit bunten Pfeifenputzern nach.	SB S. 20: Pablo Picasso: Ronde de jeunesse	**M 6:** Bastelanleitung für Mobile, dazu Pfeifenputzer, Pappscheibe (Tortenteller) oder bunter Schirm, Wollfäden
Glaubenszuspruch: Wir erarbeiten den Zuspruch „Ich will euch Mitte sein" und entdecken Bilder der Mitte in der Natur, der Technik und der Kunst im Kontext des Zuspruchs.	SB S. 21: „Wo zwei oder drei …" (Kanontext nach Mt 18,20) **M 8/M 9:** Mandala	**M 7:** „Wo zwei oder drei …" (Lied) Folie: Jesus als guter Hirte, Missio Aachen
Tanzlied: Wir erarbeiten das Lied „Ich bin so gern bei dir" und tanzen es im Schneeballsystem. **Blitzlicht**	SB S. 22: „Ich bin so gern bei dir" (Lied) mit Bildanregungen für einen Gruppentanz **M 10:** „Ich und du" (Textvorlagen)	

So gehen wir günstig vor

👁 1. sehen + entdecken

Leitmedium: Spielpüppchenbild (SB S. 17)

Im Mittelpunkt der ersten Sequenz dieses Kapitels steht das Titelbild „Ich – du – wir". Die Aufstellung der Spielpüppchen spiegelt typische Beziehungsmuster wider: der Einzelne, das Paar, die Gruppe und die anderen. Sie können auch auf reale Spielsteine in der Kreismitte oder verschiebbare Plättchen auf dem OHP übertragen und im Laufe des Schuljahres immer wieder zur Veranschaulichung der Beziehungsebenen herangezogen werden. Die Aufstellung der Mannschaft auf einem Fußballfeld kennen viele Kinder. Vielleicht hilft sie als Anschauungshilfe zusätzlich, um diese symbolische Darstellung auf der Beziehungsebene zu erleichtern.

Lernmöglichkeiten

Wir beginnen mit einer Aufwärmphase zur Sensibilisierung der Aufmerksamkeit untereinander, z. B. mit dem Spiel „Alle machen, was einer macht": Ein Kind spielt dazu vor der Klasse Gesten oder pantomimische Bewegungsabläufe vor, die von den anderen spontan nachgemacht werden.
Dann wenden wir uns dem Bild (S. 17) zu. Es wird im Buch eine Zeit still betrachtet, bis es Anklang findet und zu „sprechen" beginnt. Kindern fallen meist eigene Beispiele dazu ein, Situationen der Einsamkeit und der Freundschaft, der Ausgrenzung oder andere Erfahrungen mit Gruppen. Die Püppchen verweisen darauf. Damit ist ein Verständigungsmittel gefunden für die Beziehungsebene, das über die Stunde hinaus Augen öffnet für die *anderen*.
Die Impulskarten (➡ M 1) werden entweder offen in der Kreismitte ausgelegt, sodass jeder eine Szene auswählen und sich in Partner- oder Gruppenarbeit dazu etwas ausdenken kann. Oder sie werden von einem Stapel gezogen, sodass nacheinander jeweils spontan dazu eine Stegreifszene mit einem Wunschpartner erfunden und vorgespielt wird. Unterschiedlichste Konstellationen kommen auf diese Weise ins Spiel und ins Gespräch.
Ging der Weg bisher von der Skizze zur Spielsituation, so versuchen wir nun den umgekehrten Weg: Eine Geschichte als Fallstudie wie z. B. „Willst du mit mir spielen?" (➡ M 2) von dem Mädchen Lisa, das auf der Suche nach Spielgefährten Erfahrungen der Ablehnung und Zuneigung macht, reichert die vorherigen Spielideen der Kinder an und schafft einen neuen Zugang. Mit Spielsteinen, als Aufstellung (Denkmal bauen) oder in Skizzen versuchen wir, die Personen mit ihren Beziehungen in typischen Situationen der Geschichte jetzt im Nachhinein darzustellen, das Grundmuster herauszuarbeiten und weitere Begegnungsszenen dazu zu erfinden, zu spielen und jeweils mit Püppchen systematisch darzustellen.
Am Ende der Stunde fassen wir in einer kleinen Besinnung die positiven Erfahrungen der Stunde zusammen und denken an Menschen, die uns besonders verbunden sind.

Weitere Anregungen

Spielideen für die Aufwärmphase:
- Spiegeln: Paarweise gegenüberstehend spiegeln sich Kinder abwechselnd wie vor einem Spiegel.
  Zur Erhöhung der Aufmerksamkeit für die anderen beginnt ein nominiertes Kind, ein anderes heimlich zu spiegeln. Wer meint zu wissen, wer gespiegelt wird, mimt diesen ebenso stumm, bis der Betroffene selbst merkt, dass er gemeint ist. Er übernimmt dann die Rolle des Spiegelnden usw.
- „Der Platz neben mir ist frei, ich wünsche mir ... herbei".
- Gruppenwürfeln: Kinder bewegen sich frei im Raum. Ein Würfel wird geworfen. Die Kinder schließen sich dann blitzschnell in solcher Zahl zusammen, wie die Würfelzahl vorgibt. Bei 1 sucht sich jedes Kind seinen Lieblingsplatz im Raum, wenn es einmal allein arbeiten möchte. Übrig gebliebene Kinder wünschen sich abschließend die noch fehlende Zahl an Kindern durch Namensnennung von Kindern aus bestehenden Gruppen herbei.

❓ 2. fragen + finden

Leitmedium: Blick in eine Schulklasse (SB 18/19)

Das Bild öffnet den Blick in eine alltägliche Lernumgebung für Kinder, die mit der eigenen Klasse verglichen wird. Es bietet Anregungen zum Entdecken und Fragen nach grundsätzlichen Lernmöglichkeiten mit und von anderen. Es greift auf die typischen Beziehungsmuster (Einzel-, Partner-, Gruppenarbeit und die *anderen* der Klasse) der vorherigen Sequenz zurück und verweist auf mögliche Lernhilfen vom Buch bis zum Computer. Dabei wirft es Fragen an die räumliche und inhaltliche Ausgestaltung des gemeinsamen Lernens in der Schule und speziell im RU auf, die gemeinsam geklärt werden. Die Grundsatzfrage für die Lerngruppe in dieser Unterrichtsreihe lautet: Wie lernen wir hier im RU gut mit- und voneinander?

Lernmöglichkeiten

Begrüßen wir uns am Anfang der Stunde im Kreis per Handschlag mit einem frohen „Guten Tag *Name!*" – wie beim Friedensgruß in der Kirche – und erinnern uns an die vorangegangene Stunde. Wir verständigen uns über das, was wir heute vorhaben: Wir stellen uns der Frage, wie wir möglichst gut miteinander lernen, und lesen uns dann auf der Suche nach möglichen Antworten in das Bild auf der Doppelseite ein. Die Kinder teilen ihre Entdeckungen auf dem Bild in einer Meldekette einander mit (der Sprecher gibt jeweils das Wort weiter, vgl. S. 13). Die Ausgangsfrage „Wer auf dem Bild lernt wie, was, mit wem?" bündelt das Gespräch und überträgt die Entdeckungen verschiedener Lernformen auf die eigene Lerngruppe. Was ist so wie bei uns? Was ist auf dem Bild anders als bei uns? Welche Formen des Lernens kennen wir schon? Welche wollen wir ausprobieren?

Die einzelnen Bildszenen richten das Augenmerk auf die unterschiedlichen Sozialformen des Unterrichts. Einzel-, Partner- und Gruppenarbeit werden neben dem Gesprächskreis bzw. dem Theaterhalbkreis als Basisformen des RUs vorgestellt und benannt, sodass sie geläufig werden.

In einer freien Arbeitsphase schließen sich die Kinder zu Dreier- oder Vierergruppen zusammen, um in einer kleinen Testaufgabe die Gruppenarbeit auszuprobieren: Wir malen dazu gemeinsam in jeder Gruppe ein Bild (z. B. von unserer eigenen Lerngruppe) und vergleichen die Darstellungen anschließend untereinander und mit dem Klassenbild im Buch. In der Auswertung wird es weiter darum gehen, die eigenen Erfahrungen mit der Gruppenarbeit zu benennen und die Ansprüche der anderen bzw. an andere zu thematisieren. Dabei werden die Beziehungen untereinander vorsichtig zur Sprache kommen, um Spannungen und Distanzen aufarbeiten zu können.

- Welche Erfahrungen haben wir beim Versuch des gemeinsamen Malens gemacht?
- Wie habt ihr zusammen gearbeitet?
- Was hat euch geholfen, was gestört?
- Welche Schwierigkeiten hat es gegeben?
- Wozu eignet sich diese Form besonders gut, wozu weniger gut?
- Wer möchte oder kann mit wem am ehesten zusammenarbeiten?
- Wie bilden wir in Zukunft Gruppen?
- Welche Fragen hast du dazu?

Im Vergleich zwischen Bild und eigener Situation können Möglichkeiten und Grenzen ausgesprochen werden, wie wir im RU in Zukunft unser Lernen gestalten, was wir dazu brauchen, wie sich jeder dazu einbringen kann und wie wir mit Störungen umgehen wollen. Eine Ausweitung der Frage auf den Raum der gemeinsamen Gestaltung von Pausenspiel und Freizeit ist denkbar.

Zum Stundenende singen wir als Mut machenden Impuls z. B. das Kindermutmachlied: „Wenn einer sagt ich mag dich" (➡ M 3).

Weitere Anregungen

- Die Impulskarten (➡ M 4) werden später als Visualisierungshilfe für den Ablaufplan einer Stunde eingesetzt. Das Bild verweist auf die Sozialform, auf der Rückseite können die Aufgaben oder Hinweise dazu ergänzt werden.
- Erfahrungen aus anderen Fächern mit Gruppenarbeit können einfließen und das Gespräch vom Bild auf die eigene Lebenswirklichkeit übertragen. Der Unterschied zwischen Einzel-, Partner-, Gruppenarbeit und Plenum wird einbezogen.
- Statt der Malaufgabe werden andere Aufgabentypen „getestet": gemeinsam lesen, schreiben, eine Spielszene erfinden, ein Lied gemeinsam aussuchen und vortragen, ein Gespräch miteinander führen.

3. hören + sagen

Leitmedium: Gesprächssimulation zu Fallbeispielen

Wichtigste Lernstrategie in der Schule ist die sprachliche Kommunikation. Die beiden Schlüsselqualifikationen dazu sind die Fähigkeiten, sich anderen mitzuteilen und aufmerksam zuzuhören. Sie stehen in dieser Sequenz im Mittelpunkt der Aufmerksamkeit. Das Hören und Sagen wird so selbst zum Lerngegenstand. Konkret werden die Sprechsteinregeln schrittweise vorgestellt und erarbeitet. Weitere Formen werden hinzutreten. Ein fächerübergreifendes Lernen der Methoden wird nahegelegt. Die vorangegangenen Seiten können zu Beginn als Erinnerung aufgeschlagen werden und als Hintergrund dieser Sequenz dienen.

Lernmöglichkeiten

Im Stuhlkreis begrüßen wir uns wieder mit Handschlag oder Lied und erfahren, dass es heute darum geht, Möglichkeiten des gemeinsamen Lernens zu besprechen. Ein Klangzeichen, der Sprechstein und die Rote Karte (Realgegenstände) in der Mitte auf einem schönen Tuch geben einen ersten Hinweis: Wenn wir miteinander lernen wollen, müssen wir uns ruhig und aufmerksam zuhören und nacheinander reden. Für die Ruhe sorgt ein Stillezeichen (gehobene Hand und Finger auf den Mund oder Klangzeichen), für die Redefolge der Sprechstein, gegen Störungen hilft die Störungskarte oder ein Handzeichen mit beiden Armen. Wir lernen die Grundregeln (➡ M 5) anhand der Gegenstände in der Kreismitte kennen und spielen eine Sprechsteinrunde gemeinsam durch. Sprechanlass könnte die augenblickliche Situation sein: „Was meinst du: Wie können wir gut miteinander lernen?".

Möglich sind auch Sprechimpulse:
- „Was machst/magst du am liebsten?" (Speisen, Freizeit, Filme ...)
- „Wenn ich eine Minute Zeit hätte, allen etwas Wichtiges mitzuteilen, dann ..."
- „Meine wichtigste Frage im Augenblick ist ..."

Am Ende lernen die Kinder das Blitzlicht kennen. Hier wird jedem noch einmal die Möglichkeit gegeben, statt zur Sache, zur persönlichen Befindlichkeit Rückmeldung zu geben. Jedes Kind sagt möglichst nur einen Satz:
- „Mir geht es im Augenblick ..."
- „Das finde ich in der Stunde besonders wichtig ..."

Dabei wird die Aufmerksamkeit für den anderen geweckt. Sprechhemmungen bei stillen Kindern bauen sich allmählich ab (Blickkontakt, zustimmende Gesten). Nicht jeder muss sich zur Sache äußern, wenn er nicht möchte. Doch sollte es die Regel gelten, dass jeder wenigstens den Satz sagt „Ich möchte jetzt nichts dazu sagen", bevor er den Stein weiterreicht.

Weitere Anregungen

Ist ein Stuhlkreis beim besten Willen unmöglich, kann der Stein nach einem vorher fest vereinbarten „Wanderweg" in der Klasse weitergereicht werden. Sitzen die Kinder an Arbeitstischen, ist es eher sinnvoll, an einem Tisch in der Mitte einmal das Sprechsteinverfahren demonstrativ vorzuführen, sodass alle vom Zuschauen her wissen, wie es geht. Dann darf jede Tischgruppe für sich gleichzeitig in eigener Regie eine Sprechsteinrunde im kleinen Kreis ausprobieren. In diesem Fall bewährt es sich, einen Gesprächsleiter pro Tisch zu bestimmen.

Ideen für weitere Kommunikationsspiele:
- Bevor ein Kind einen eigenen Wortbeitrag leistet, wiederholt es die Aussagen des Vorredners möglichst genau: „Du hast gesagt ...".
  Dann fährt das Kind fort: „Ich möchte jetzt sagen ...".
  Wir machen die Gegenprobe: eine Runde mit, eine ohne Sprechstein. Welche Unterschiede fallen auf?
- Wir führen ein Kreisgespräch ohne Worte, nur mit Gesten und Mimik. Später nimmt jedes Kind einen Plastikbecher, einen Müllsack, Zeitungspapier, eine Handtrommel oder ein Klanginstrument als Ausdrucksmittel zu Hilfe, um sich verständlich zu machen.
- Wir legen ein großes Packpapier in die Mitte des Gruppentisches (Partnerarbeit oder Vierergruppe). Ein Kind beginnt bei absoluter Ruhe im Raum und malt zu einem Thema eine Idee auf, dann gibt er stumm (!) den Stift weiter. Am Ende besprechen wir das Gruppenbild.

♡ 4. träumen + trauen

Leitmedium: P. Picasso: Ronde de jeunesse (SB S. 20)

Mit leichter Hand und flüchtigen Strichen gemalte Tänzer und Tänzerinnen schweben durch den leeren Raum. Umweht von zarten Blumen drehen sie sich schwerelos im Sommerwind zu einer fast hörbaren, schwingenden Melodie. Sich mit erhobenen Händen zugewandt kreisen sie um die strahlende Sonne, von der alle Farben und Formen, alle Bewegung und Lebendigkeit auszugehen scheinen. Mittendrin und über allem leuchtet die weiße Friedenstaube auf als inspirierende Kraft, die den Gedanken Richtung gibt und die Menschen beflügelt.

Lernmöglichkeiten

Nach einer Einstimmung mit tänzerischer, leichter Musik, zu der sich die Kinder im Raum frei bewegen (oder bei der sie ihre Buntstifte auf einem großen Zeichenblatt tanzen lassen), werten wir in einem kurzen Blitzlicht die Erfahrung aus: Wie hast du die Musik empfunden? Wie war das mit der freien Bewegung bzw. was hat sich auf dem Papier abgezeichnet?
Wir klären das weitere Lernvorhaben: Auf dieser Erfahrungsgrundlage begegnen wir gleich dem Bild und beschreiben es uns gegenseitig in einer Sprechsteinrunde im Plenum oder in kleinen Sprechsteingruppen. Dabei wird das Zentrum betont im Bild, aber auch übertragen auf eigene Erfahrungen, etwa die Geburtstagskerze mitten auf dem Tisch oder die Bedeutung des Kapitäns einer Fußballmannschaft.
Wenn die Zeit reicht, gestalten die Kinder das Bild mit Buntstiften nach als ein Gemeinschaftsbild oder als Mobile (➡ M 6), das seine namhafte Mobilität ausschließlich diesem einzigen, letzten Dreh- und Angelpunkt verdankt, an dem es hängt – so, wie der Glaube an den einzigartigen Gott dem Menschen Identität, Freiheit und letzten Halt gibt.
Zur Besinnung auf das Bild der Mitte fotografieren wir es mit dem inneren Auge, indem jeder sich ganz bewusst darauf konzentriert, dann die Augen schließt, um es sich mit geschlossenen Augen noch einmal inwendig vorzustellen. Zwei- bis dreimal können die Augen probeweise geöffnet werden, um alle Einzelheiten zu erfassen und das Innenbild auf Vollständigkeit zu überprüfen. So nimmt jeder sein Bild unvergesslich aus der Stunde mit, die vielleicht schon mit dem Kanon „Wo zwei oder drei" (➡ M 7) ausklingen kann.

Weitere Anregungen

- Wir finden in Murmelgruppen einen Titel.
- Wir geben den Figuren Fantasienamen und bringen sie im Rollenspiel zum Sprechen.

- Wir springen ins Bild, stellen das Bild als Denkmal nach, bringen das Standbild in Bewegung.
- Wir erfinden Musik dazu mit einfachen Klanginstrumenten.

5. glauben + (be)kennen

Leitmedium: Biblischer Zuspruch „Wo zwei oder drei in meinem Namen versammelt sind" (SB S. 21)

Wer seinen eigenen Standpunkt finden will, muss nach der Mitte suchen. Wer führt und was hält uns zusammen? Wer von und mit anderen gemeinsam leben und lernen will, der braucht ein wachsendes Selbstvertrauen und das Vertrauen der anderen. Gemeinschaftsgeist stärkt auch die Lernpotenziale und das Selbstwertgefühl der Kinder. Die Rollen werden uns von der Gruppe zugeteilt, wenn wir sie nicht selbstbewusst besetzen. Beides schenkt der Glaube an den einen Gott: Er schenkt den Geist, der uns zu einzigartigen, ein für allemal erlösten, „entängstigten" Kindern macht, und den Geist der Solidarität schenkt. Um diesen Zuspruch aus der überlieferten Glaubenstradition geht es in dieser Sequenz – ohne eindimensionales Religionsstunden-Ich. Die Sehnsucht nach Anerkennung und Geborgenheit ist allen Kindern eigen und korreliert deckungsgleich mit dem Traum, der Jesus vor Augen stand, als er vom Reich Gottes erzählte und mahnte: „Seid eines Sinnes und Geistes!"

Lernmöglichkeiten

Ausgehend von einer Gegenstandsbetrachtung, z. B. Baumscheibe (➡ M 8) oder einem entsprechend gestalteten Bodenbild (Bänder, Mandala) finden wir zum Motiv der Mitte als zentralem christlichem Grundsymbol. Es ist gleichsam das Siegel der Verbundenheit mit Jesus selbst, so jedenfalls klingt es in diesem kurzen Bibelzitat an: „Wo zwei oder drei in meinem Namen versammelt sind, da bin ich mitten unter ihnen!"
Im Buch finden wir diese Worte. Wer kann sie schon lesen? Lernen wir die Melodie dazu und singen sie einmal im Kanon oder begleiten sie mit einfachen Klanginstrumenten. Das Picasso-Bild der Vorstunde mag nachklingen, wenn wir für uns nach der Mitte unseres Denkens und Handelns auch im RU fragen. Was meint der Satz? Wer spricht darin eigentlich: „Da bin ich mitten unter euch"? Gilt das auch für uns? In einer Sprechsteinrunde sammeln die Kinder Gedanken dazu. Zustimmung und Widerspruch sollen zur Sprache kommen. Wo wird Jesu Geist für uns spürbar – in der Lerngruppe und im Alltag?
Hier bietet es sich an, nachgestaltend als Bodenbild oder Mandala (➡ M 8) beim Symbol der Mitte zu verweilen und offenzuhalten, was immer diese Mitte füllen wird und prägen mag. Die Vorstellung einer Sinnmitte braucht Zeit und Erfahrung, beginnt aber gestaltpädagogisch gesehen mit der Symbolbildung der umkreisten Mitte als verinnerlichtes Bild des Kindes. Idee dazu: Wir lassen ein Bild aus der Mitte wachsen, einzeln, zu zweit oder als Gruppenaktion, ggf. mit Handabdrücken oder ausgeschnittenen Silhouetten der Kinderhände.
Mit dem Kanonlied „Wo zwei oder drei" findet die Stunde im Sitzkreis um die Handlungsprodukte der Kinder einen meditativen Ausklang: Wo ist unsere Mitte im Alltag? Worum dreht sich alles?

Weitere Anregungen

Möglichkeiten für ein Mittenbild:
- ein Gruppenbild gestalten, bei dem Bilder der Kinder (Scherenschnitt-Schattenbilder, Foto, selbst gemalten Partner- oder Selbstportraits) zu einem Mittenbild collagiert werden.
- konzentrische Kreise mit Seilen ineinanderlegen und ausgestalten als Bodenmandala mit Naturprodukten.
- eine Spirale aus der Mitte in einem Sandkasten ziehen oder mit Pflasterkreiden auf den Hof malen und abgehen, mit einem langen Wollfaden auf eine Teppichfliese legen oder auf Pappe kleben.
- eine gestaltete Mitte für den künftigen RU zur Regel werden lassen und Kinder bei der Gestaltung einbeziehen.

Alternativer Abschluss der Unterrichtssequenz

Für weniger Gesangsfreudige oder auch als zusätzlicher Impuls kann der Kurztext „Ich und du" (➡ M 9) einbezogen werden.

6. leben + gestalten

Leitmedium: Tanzlied „Ich bin so gern bei dir" (SB S. 22)

Um viele Gemeinschaftserfahrungen zu ermöglichen und Berührungsängste zu reduzieren, steht am Ende der Reihe das Tanzlied. Die Hauptintention ist dabei, durch Begegnungserfahrungen die natürlichen Berührungsängste untereinander zu reduzieren und gleichzeitig die in der letzten Sequenz aufgeworfene Erfahrung vom Halt der Mitte im Tanz spürbar werden zu lassen. Die Seite kann auch schon früher aufgeschlagen und etwa zum Picasso-Bild angeregt werden. Die einzelnen Strophen werden unmittelbar in Handlung umgesetzt, sodass nach dem Schneeballprinzip am Ende alle Kinder einbezogen sind. Die letzte Strophe jeweils fordert zum Partnertanz auf. Meistens drehen sich Kinder hierbei zu zweit mit überkreuzten Armen gehalten um sich selbst und erleben die Zentrifugalkraft als eine Kraft, die in der Mitte Halt gibt.

Lernmöglichkeiten

Nach einem Eröffnungsritual erinnern wir uns in einem Rückblick an die bisherigen Lernschritte der Reihe. Wie hat sich die Beziehungsqualität bei uns verändert? Dann wird die Tanzerarbeitung als Abschlusserlebnis der Reihe angeboten. Zunächst lernen wir das Lied kennen, spielen es beispielhaft einmal durch, bevor der Schneeballtanz beginnt. Nach dem Tanz tauschen wir unsere Eindrücke in einem Blitzlicht aus. Zur Intensivierung tanzen wir einmal ohne Gesang oder auch ohne Musik ganz still und stumm.

Mögliche Gesprächsimpulse können sein:
- Wie hast du das erlebt?
- Mit wem hast du gerne getanzt?
- Wer hat sich gefreut, dass du ihn aufgefordert hast?
- Hast du die Mitte gespürt?
- Was war dir peinlich oder unbehaglich?

Wenn Zeit und Lust besteht, können die Kinder einen eigenen Tanz entwickeln, z. B. zum Kanonlied „Wo zwei oder drei" oder „Unser Leben sei ein Fest".
Wir beschließen die Reihe mit einer Aussprache über weitere Konsequenzen für die künftige Unterrichtsarbeit. Dabei werten wir die Erfahrung von gegenseitiger Akzeptanz und Kooperation der letzten Stunden aus unter der Leitfrage: „Worauf wollen wir in Zukunft im Blick auf die Zusammenarbeit besonders achten?" Eine alternative Leitfrage lautet: „Wie lernen wir in Zukunft gemeinsam im RU?" Wir treffen diesbezüglich Vereinbarungen zur künftigen Zusammenarbeit in der Religionsgruppe:

- Gesprächsmethoden erinnern und Regeln vergewissern, ggf. Kleingruppenbildung und Leitung klären
- Eröffnungsrituale/Lieder als feste Bestandteile des Unterrichts vereinbaren
- Eine gestaltete Mitte im RU zur Regel werden lassen
- Einen Blick in das Religionsbuch werfen und die nächste Thematik ansprechen/gemeinsam planen
- Blitzlicht am Stundenende als Ritual

Weitere Anregungen

- Hänschen. Piep einmal, Armer schwarzer Kater und ähnliche Spiele zur Förderung der Gruppenkohäsion
- Spiele, Bewegungs- und Tanzlieder nach eigenen Vorlieben und Vermögen

Materialien

M 1: Welche Geschichten fallen dir dazu ein? (Impulskarten)

M 2: Willst du mit mir spielen?

Lisa sitzt auf der Verandatreppe. Sie möchte mit jemandem spielen. Da kommt ein kleiner Hund. „Willst du mit mir spielen?", fragt Lisa. „Nein, jetzt habe ich keine Zeit, ich will mit einem anderen Hund spielen", sagt der Hund. Und er läuft weg.

Da kommt ein kleines Kaninchen. „Willst du mit mir spielen?", fragt Lisa. „Nein, jetzt habe ich keine Zeit. Ich will mit einem anderen Kaninchen spielen", sagt das Kaninchen. Und es läuft weg.

Da kommt eine kleine Ziege. „Willst du mit mir spielen?", fragt Lisa. „Nein, jetzt habe ich keine Zeit. Ich will mit einer anderen Ziege spielen", sagt die Ziege. Und sie läuft weg. Da kommt ein kleiner Junge. „Willst du mit mir spielen?", fragt Lisa. „Nein, ich will mit anderen Jungen Fußball spielen", sagt der Junge. Und er läuft weg.

Da kommt ein kleines Mädchen. „Willst du mit mir spielen?", fragt Lisa. „Nein, ich will mit anderen Mädchen Hüpfen spielen", sagt das Mädchen. Und es läuft weg.

Da kommt ein kleines Kätzchen. „Willst du mit mir spielen?", fragt Lisa. „Ja, wenn ich in deinem Schoß liegen und ein wenig schnurren darf", sagt das Kätzchen. „Ja, das darfst du", sagt Lisa. Da kommt der kleine Hund wieder. „Willst du mit mir spielen?", fragt er. „Nein, jetzt spiele ich mit dem kleinen Kätzchen", sagt Lisa.

Da kommt das kleine Kaninchen wieder. „Willst du mit mir spielen?", fragt es. „Nein, jetzt spiele ich mit dem kleinen Kätzchen", sagt Lisa.

Da kommt die kleine Ziege wieder. „Willst du mit mir spielen?", fragt sie. „Nein, jetzt spiele ich mit dem kleinen Kätzchen", sagt Lisa.

Da kommt der kleine Junge wieder. „Willst du mit mir spielen?", fragt er. „Nein, jetzt spiele ich mit dem kleinen Kätzchen. Du musst allein spielen", sagt Lisa.

Da kommt das kleine Mädchen wieder. „Willst du mit mir spielen?", fragt es. „Nein, jetzt spiele ich mit dem kleinen Kätzchen. Du musst allein spielen", sagt Lisa. Und dann spielt sie mit dem Kätzchen, und sie spielen und spielen und spielen.

Elle-Kari Höjeberg Oetinger

M 3: Kindermutmachlied

Text und Melodie: Andreas Ebert
© 1979 Hänssler-Verlag, 71087 Holzgerlingen

Wenn einer sagt: „Ich mag dich, du, ich find dich ehrlich gut!",
dann krieg' ich eine Gänsehaut und auch ein bisschen Mut.
La la la la la la la la la la la la la la la la la
la la la la la la la la la la la la la la la la la la.

2. Wenn einer sagt: „Ich brauch dich, du,
   ich schaff es nicht allein",
   dann kribbelt es in meinem Bauch
   ich fühl mich nicht mehr klein!
   Lalala …

3. Wenn einer sagt: „Komm, geh mit mir,
   zusammen sind wir was".
   Dann werd ich rot, weil ich mich freu,
   dann macht das Leben Spaß!
   Lalala …

4. Gott sagt zu dir: „Ich hab dich lieb,
   und wär so gern dein Freund.
   Und das, was du allein nicht schaffst,
   das schaffen wir vereint!"
   Lalala …

M 4: Wie können wir am besten gemeinsam lernen? (Impulskarten)

M 5: **Sprechsteinrunde (Impulskarten)**

Vorderseite — Rückseite

1.
Nur wenn ich den Stein habe, darf ich sprechen!

Die anderen hören aufmerksam zu.

Ich sage wenigstens einen Satz!

2. Rote Karte!!!

Halt! Mich stört etwas!

Störungen gehen vor!

3. Blitzlicht

Sag es in einem Satz!

Wir hören!

4. Pssst...

Pssst!

Wir werden alle mucksmäuschenstill!

M 6: Mobile (Bastelanleitung)

Material:

Draht oder Pfeifenputzer, dünner Faden
wahlweise Strohhalme, Pappteller oder ein kleiner Schirm

Anleitung:

Wir biegen die Figuren und Blumen aus Draht oder bunten Pfeifenputzern. Wir fügen sie mithilfe dünnen Fäden paarweise an Strohhalmen oder um einen Papp-Tortenteller zu einem Mobile zusammen. Auf den Teller malen die Kinder die Sonne mit einer Friedenstaube. Der Teller kann wiederum im Mittelpunkt an einem Faden aufgehängt werden und ermöglicht so der Figurengruppe Drehbewegungen. Möglich ist es auch, die Figuren an die Strebenden eines bunten Schirms zu binden, den wir im Klassenzimmer aufhängen. So lässt er sich drehen und macht dabei die Fliehkraft um den Dreh- und Angelpunkt, aber auch den festen Halt aus der Mitte wahrnehmbar.

M 7: Wo zwei oder drei

Text: Matthäus 18,20
Musik: Kommunität Gnadenthal;
© Präsenz-Verlag, Gnadenthal

Wo zwei oder drei in meinem Namen versammelt sind, da bin ich mitten unter ihnen. Wo zwei oder drei in meinem Namen versammelt sind, da bin ich mitten unter ihnen.

M 8: Mandala

M 9: Mandala

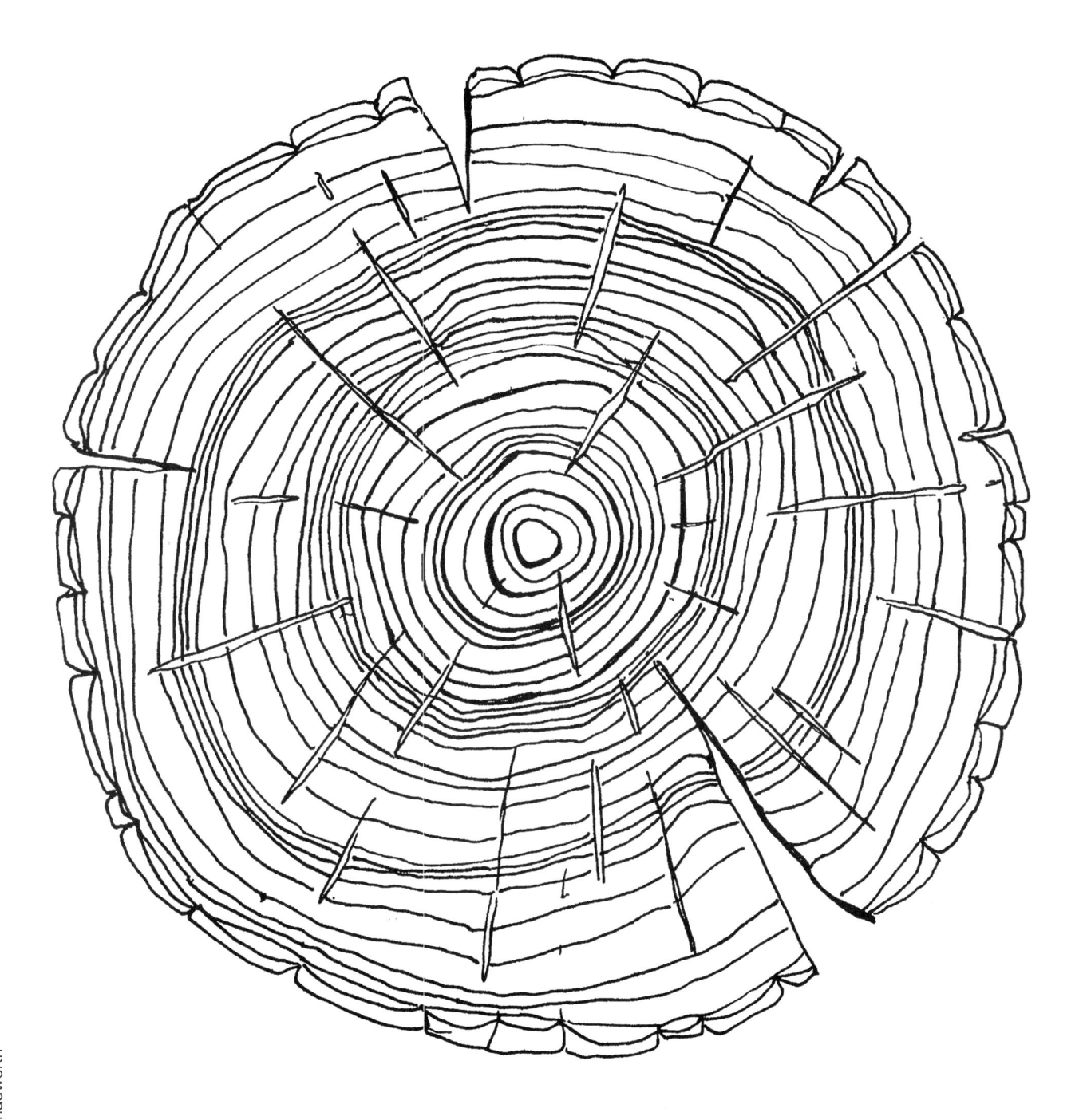

M 10: Ich und du (Kurztext zum Nachdenken)

Ich und du

Ich
Ich sehe
Ich sehe, du bist
Ich sehe, du bist allein.

Du
Du weißt
Du weißt nicht, dass ich
Du weißt nicht, dass ich auch
Du weißt nicht, dass ich auch allein bin.

Wir
Wir beide
Wir beide können
Wir beide können viel
Wir beide können viel zusammen tun.

Siggi Gsell

4. Sehen lernen

Darum geht es

Theologische Perspektive

Der Barmherzige ist einer der schönsten Namen für Gott. Jesus erweist sich gerade durch seine Heiltaten als der Christus, der Gottes Liebe einlöst ohne jeden Vorbehalt. Er setzt sich mit allen an einen Tisch, hat Augen und Ohren für die Not der Menschen seiner Zeit. Gleichzeitig fordert er zur Nachfolge auf. Martin lernt mit den Augen Jesu zu sehen. Ihm erscheint er gar selbst als der Bettler am Wegesrand im Traum. „Was ihr dem geringsten meiner Brüder getan habt, das habt ihr mir getan!", sagt Jesu. Dieser Ausspruch findet so in vielen hilfsbereiten und engagierten Christen Anklang bis heute. Wer Gott erfahren will, muss lernen, mit dem Herzen zu sehen – wie einst Martin von Tours.

Religionspädagogische Leitlinie

Dieses Kapitel weitet den sozialen Lernprozess (Ich und die anderen) aus. Wir gehen einen Schritt weiter auf den Bedürftigen zu. Es wird ein urchristliches Grundmuster aufgegriffen und das empathische Empfinden der Kinder angesprochen, wenn wir der Frage nachgehen: „Wer ist mein Nächster?" Prosoziales Verhalten kann nicht einfach als ethisches Soll eingefordert werden. Es entwickelt sich im Kind in dem Maße, wie es selbst Zuwendung, Hilfe und Geborgenheit erfährt. Die Mantelteilung Martins wird im Kontext des Samaritergleichnisses zum Sinn- und Vorbild christlicher Nächstenliebe. Im Angesicht der Not und existenziellen Sorge wird das grenzenlose Erbarmen Gottes spürbar und lässt das mitleidsfähige Herz mitschwingen.

Lernanliegen

Kinder begegnen auch in einem der reichsten Länder dieser Erde der Armut. Freilich fehlt ihnen der Blick für das ganze Ausmaß des Hungers, und es ist hier nicht der Ort, alles Leid der Welt vor Augen zu führen. Es geht um ein Beispiel, an dem ein grundsätzliches Verhaltensmuster christlicher Nächstenliebe sichtbar wird. Schauen wir in die fragenden Augen des Not leidenden Menschen, spricht es unser Herz an. Es gibt uns Antwort auf die Frage: „Wer ist mein Nächster?" Die Stimme des Herzens gibt Jesus uns als Stimme Gottes zu verstehen, die sich Gehör verschafft gegen alle Ausreden und Taubheiten im Gleichnis vom barmherzigen Samariter: „Dann geht und handelt genauso!", ist seine Quintessenz. Unter diesem Anspruch Jesu wird der heilige Martin von Tours als Herzseher vorgestellt. Er handelte „genauso" und folgte der Stimme seines Herzens, die er als Gottes Wort wahrnahm. Nicht nur im Augenblick der einmaligen Begegnung mit dem Bettler, sie wurde vielmehr zur Schlüsselerfahrung für ihn. Im Traum erschien ihm Jesus als der Bettler und bewegte ihn zur Umkehr. Martin bewahrheitete fortan das Herzensanliegen Jesu, das Gebot zur Nächstenliebe. Er hatte im Glauben an den Gott der Barmherzigkeit offene Augen wie Jesus für die Not leidenden Menschen seiner Zeit.

Unter dieser Prämisse beleuchten wir im korrelativen Prozess Schattenseiten unseres Alltags, versuchen den Nächsten mit der Herzbrille zu sehen und ein urchristliches Verhaltensmuster zu prägen, das Kinder zum Nachdenken und zum Nacheifern ermutigt. Dabei geht es um mehr als bloße Handlungssymbolik und selbstverständliche Nothilfe. Das Reich Gottes ist keine Utopie, sondern im Keim angelegt in jedem Menschen, der offen ist für Gottes Stimme, die Stimme seines Herzens.

Lernertrag

Wir haben den heiligen Martin als Herzseher seiner Zeit kennen und schätzen gelernt. Er gab spontan dem Bettler den halben Mantel, weil er sich im Herzen von der Not des Nächsten angerührt fühlte. Die Begegnung war für Martin Wendepunkt im Leben. Er wollte nicht länger im Dienst des Kaisers bleiben, sondern fortan in Gottes Dienst treten. So änderte er sein Leben im Geist Jesu, der uns den barmherzigen Samariter gleichnishaft vor Augen führte. Das gibt zu denken. Wir haben wie Martin die dunklen Schattenseiten des Lebens mit dem Herzauge zu sehen versucht. Vielen Kindern geht es schlecht. Wir können von ihm lernen, die Welt etwas heller und froher für alle werden zu lassen, wenn wir wollen. Öffnen wir Auge und Herz, wo es nottut.

Lernen wir mit dem Auge des Herzens zu sehen – wie Martin – um Gottes Willen.

Prozess-Schritte: Übersicht

Sehen lernen	Prozess-Schritte
1. **sehen + entdecken**	**Die Stimme des Herzens spricht unmittelbar an,** wenn wir im ersten Schritt einen bedürftigen Menschen vor Augen haben. Um Augenblicke soll es im weiteren Verlauf gehen, die uns achtsam und aufmerksam machen für den Nächsten. Schauen wir der Not in die Augen, lernen wir mit den Augen des anderen zu sehen, um nicht blind für das Auge im Bauch oder taub für die Stimme des Herzens zu bleiben, in der Gottes Wort hörbar wird.
2. **fragen + finden**	**Augen blicken uns fragend und Hilfe suchend an.** Vor welche Fragen stellen sie uns? Welche Fragen haben Kinder angesichts der Not anderer? Was können wir tun? Wer gibt uns eine Antwort? „Wer ist mein Nächster?", wird Jesus gefragt. Als Antwort hält er seinen Zuhörern das Gleichnis vom barmherzigen Samariter vor Augen: „Geh, und handle genauso!"
3. **hören + sagen**	**Der heilige Martin** wird im Christentum seit über 1600 Jahren hoch und heilig als Herzseher verehrt. Sein Leben wird in sechs Streiflichtern vor Augen geführt. Gehen wir seiner erfüllten Lebensgeschichte nach, erfahren wir mehr über seine Motive und seine Berufung zur Nachfolge Jesu. Die Begegnung mit dem Bettler ist wohl die bekannteste Szene, der Augenblick gilt als Schlüsselerlebnis in seiner Vita. Fragen wir nach dem Beweggrund zur radikalen Umkehr, dann stoßen wir auf Martins Traum, in dem ihm Jesus nachgeht.
4. **träumen + trauen**	**Bleibt Jesu Vision nur ein schöner Traum?** Oder trauen wir uns – wie Martin – die Herzbrille aufzusetzen und uns dem Nächsten zuzuwenden, wo immer er uns braucht? Die Not macht vor unserer Haustür nicht halt. Oft ist es nicht der große Schmerz, sondern der kleine Kummer, der uns fragend und Hilfe suchend aus den Augen des Nächsten ansieht. Wie wach sind wir in solchen Begegnungsmomenten für die Stimme des Herzens?
5. **glauben + (be)kennen**	**Das Grundmuster christlicher Solidarität,** wie es dem Herzensanliegen der Kinder und dem Herzen Jesu entspricht, wird in der Handlungssymbolik der Mantelteilung offenkundig. Doch reicht es nicht aus, von diesem Grundmuster zu wissen, sonst erstarrt es zum Klischee. Es sollte vielmehr zunehmend zur empathischen Grundhaltung und zum tatkräftigen, christlich geprägten Glaubensbekenntnis für einen neuen Himmel und eine neue Erde beitragen.
6. **leben + gestalten**	**Eine gemeinsame Martinsfeier** oder gar Teilnahme an einem Martinszug mit neuem „Martinslicht" und -Verständnis ist wünschenswert. Auch eine kleine Andachtsform mit Lied und Spiel kann die Reihe erlebnisreich abschließen, sodass das Lernanliegen auch im Brauchtum verankert und weitergetragen wird mit den Martinslichtern. „Viele kleine Lichter lassen Gottes großes Licht erstrahlen!", so heißt es im Lied.

Methoden	Medien	
	Leitmedium	Begleitmaterial
Bildbetrachtung: Die Kinder sehen den Bedürftigen in dem Lichterkranz. **Sprechsteinrunde:** „Wenn ich dem Bettler in die Augen schaue …"	SB S. 23 Bettler umgeben von Martinslaternen	M 1: „Abend" (Geschichte)
Selbsterfahrungsspiele: Die Kinder werden sensibel für die Wahrnehmung des Bedürftigen. **Schlüsselfrage:** Wer ist mein Nächster? **Gleichnis vom barmherzigen Samariter:** Zur Erschließung kann der Text nachgestaltet werden (Denkmalbauen s. S. 15/17).	Gleichnis Lk 10,25-37	M 2: „Nimm mich in deinen Arm" (Lied)
Bildergeschichte: Wir erarbeiten die Lebensgeschichte Martins. Wendepunkt mit der Traumbegegnung begründen Nachgestalten der Geschichte in Spiel, Bild, Lied	SB S. 24-25 Bildergeschichte von Martin, dem Herzseher M 3: Text zu den Bildern aus dem Leben des hl. Martin	S. Köder „Der hl. Martin und Christus" M 4: Die Legende von der Mantelteilung (Erzählvorlage) Kreide, Tonpapier/Stoff
Bildbetrachtung: Wir machen Erfahrungen als Herzseher in Stegreif-Rollenspielen zu den Bildimpulsen. Die Nacharbeit kann in einer Sprechsteinrunde stattfinden.	SB S. 26-27 „Symbolfigur" Herzbrille Drei Alltagsbilder: ■ weinendes Kind ■ wütendes Kind ■ bettelndes Kind	M 5: Herzbrille (Bastelvorlage) M 6: Impulskarten
Unterrichtsgespräch: Martinsbrauchtum erarbeiten vor dem Hintergrund seiner Lebensgeschichte, auch mit Blick auf die Heiligenverehrung **Gestaltungsaufgabe:** Wir basteln Martinslaternen mit Grundmotiven, z. B. Herz, Mantelteilung, bittende Hände, Brezel, Gans.	Brauchtumsgegenstände	M 7: Legende M 8: Zeittafel
Lied „Viele kleine Lichter": Wir erarbeiten das Lied als Zuspruch und lernen, es zu singen. **Andacht:** Wir üben ein Schattenspiel, Singspiel oder Szenenfolge für ein kleines Martinsfest ein. **Inszenierung:** Wir backen Martinsbrezel und teilen sie in einer kleinen Andacht miteinander.	SB S. 28: „Viele kleine Lichter" (Lied)	M 9: weitere Liederstrophen M 10: Rezept für Martinsbrezeln

So gehen wir günstig vor

1. sehen + entdecken

Leitmedium: Bettler umgeben von Martinslichtern (SB S. 23)

Ein Mensch am Rand der Gesellschaft sitzt auf der Straße, in sich versunken, teilnahmslos, hoffnungslos. Einer von unzähligen Obdachlosen oder Straßenkindern, die kein Dach über dem Kopf, keine Bleibe, keine Zukunft haben. Wer wartet schon auf solche „abgewrackten Typen"? Arbeit gibt es schon längst nicht mehr für ihn. Niemand gönnt ihm ein Wort, alle lassen ihn blindlings liegen. Kaum jemand hat einen Blick oder gar ein Almosen für ihn übrig. Wer hat schon ein Herz für solche Zeitgenossen am Wegesrand? Man kann sich doch nicht um jeden kümmern!
Schaut man genau hin, dann ist trotz allem dort ein kleiner Augenblick der Begegnung, der Anteilnahme möglich: Was sagen die Augen, was sieht das Herz? Martinslaternen reichen bis in diesen dunklen Winkel, ein Hoffnungsschimmer? Wer weiß, woher?

Lernmöglichkeiten

Nach einer Einstimmung zur Stunde, z. B. mit einem Laternenlied, schlagen wir die Seite 23 auf und betrachten das Bild des Bettlers eine Weile stumm. Daraus ergibt sich ein einführender Gesprächsanlass. Der Bildbeschreibung folgt die Deutung: Wir schauen dem Bettler in die Augen und lassen uns von seinem flehenden Blick ansprechen. In einer Sprechsteinrunde tauschen wir unsere Eindrücke aus. Mögliche Impulse:

- Wenn ich dem Bettler in die Augen schaue …
- Der Mann schaut dich fragend an. Welche Fragen liest du in seinen Augen?
- Was möchtest du den Mann fragen?
- Was denkt, fühlt, sagt der Mann auf dem Bild?
- Was denkt, fühlt und sagt jemand, der ihn so sieht?
- Willst du uns sagen, was du denkst und fühlst?
- Woran lässt dich das Bild denken?
- Bist du schon einmal einem Bettler begegnet?
- Wem geht ein Licht auf, wenn er auf die Laternen schaut? Wie Ampeln geben sie uns wichtige Hinweise für unser Verhalten: Mit dem Herzen sehen, Menschen im Schatten nicht übersehen, teilen wie Martin …
- Was wisst ihr schon von diesem Reiter, der seinen Mantel teilte?

Wir tragen eigene Erfahrungen mit Not leidenden und Hilfe suchenden Menschen zusammen, suchen in aktuellen Zeitungen oder vorsortierten Zeitschriften nach ähnlichen Bildmotiven. Zur weiteren Problematisierung kann eine Geschichte erzählt werden, in der die Not des Menschen sensibel vor Augen geführt wird wie bei der Geschichte „Abend" (▶ M 1): Bibi, ein kleines Mädchen, erlebt, wie ein Landstreicher von der Polizei abtransportiert wird. Das Kind will nicht glauben, dass es Menschen gibt, die kein Bett zu Hause haben.
Die Handlungskette ist überschaubar und leicht nachzuerzählen. Die Erzählung kann begleitet werden durch Stabpuppen, Rußdias, schlichte Pantomime oder ein Schattenspiel.

Weitere Anregungen

- **Lesetisch** mit Büchern über bedürftige oder helfende Menschen
- Märchen vom **Sterntaler** als Parallelgeschichte
- Informationsmaterial zur Situation von **Straßenkindern** überall in der Welt

2. fragen + finden

Leitmedium: Das Gleichnis vom barmherzigen Samariter (Lk 10,25–37)

„Wer ist mein Nächster?", so fragen sie Jesus. Mit seiner Räubergeschichte zwischen Jerusalem und Jericho gibt er eine einleuchtende Antwort: „Jeder, der in Not gerät und auf deine Hilfe angewiesen ist, ist dein Nächster". Dahinter verbirgt sich das Doppelgebot der Liebe gegenüber Gott und dem Nächsten. Es übersteigt aber die goldene Regel (Ich bin da 2) noch um einen Überschuss. Gottes Liebe zeigt sich nicht immer in denen, die das Wort Gottes auf den Lippen tragen, wie der Tempeldiener und der Priester. Sie gehen gar an der Not des Fremden vorbei, obwohl sie ihn genau sehen. Man sagt, sie tun es auch aus rechtlichen Gründen gemäß den Reinheitsvorschriften ihres heiligen Amtes. Ausgerechnet der Mann aus dem wenig geachteten Samaria folgt der Stimme seines Herzens, der Stimme Gottes, und tut das ihm Mögliche, um dem Opfer beizustehen.

Lernmöglichkeiten

Es ist noch zu früh für die Kinder der 1. Klasse, die exegetischen Hintergründe und die Textform der Gleichnisrede Jesu in seiner Gänze verstehen zu können. So knüpfen wir am Gottesbild Jesu an, lassen die Stimme des Herzens als Gottes Wort zur Sprache kommen: Vor Gott sind alle gleichwertig.
Die Ausgangsfrage: Wer ist mein Nächster? Als Vorübung eignet sich dabei ein Erfahrungsspiel. Zu rhythmischer Musik bewegen sich alle Kinder frei im Raum. Wenn die Musik aussetzt, bleibt jeder stehen. Wir schauen uns nach dem Mitschüler um, der jeweils am

nächsten steht, nehmen Blickkontakt zu ihm auf, gehen aufeinander zu und legen jeweils unseren rechten Arm auf die gegenüberliegende Schulter. Nach einem kleinen Gruß („Hallo, Jan!") oder Kompliment („Schön, dich zu treffen") gehen wir wieder auseinander (Musik setzt ein). Mehrfach wiederholt prägt sich die Grunderfahrung ein: Im Spiel ist es recht einfach zu sagen, wer mir jeweils am nächsten steht.

Vor diesem Hintergrund wird nun die Gleichniserzählung (aus der Einheitsübersetzung) vom barmherzigen Samariter vorgetragen, inhaltlich im Gespräch so weit wie möglich erschlossen und entsprechend nacherzählt und als Bildfolge nachgestaltet, im biblischen Szenenspiel oder in pantomimischer Improvisation vom Standbild bis zur Gruppenpantomime. Dabei ist die narrative Begegnung mit dem Text für diese Altersstufe hinreichend, zumal die anschließende Martinsbegegnung eine weitere Ausdeutung ermöglicht.
Nimm mich in deinen Arm (➡ M 2).

In aller Stille kann sich eine Schlussbesinnung anschließen: Wer wird mir heute noch begegnen, auf welche Begegnung freue ich mich besonders oder welche Begegnung der letzten Tage geht mir noch nach?

3. hören + sagen

Leitmedium: Bildergeschichte des Herzsehers Martin (SB S. 24–25/M3)

In den wichtigsten Stationen wird das Leben des heiligen Martin nachgezeichnet. Die angedeutete Elfenbeinschnitzerei erlaubt einen Hinweis auf die historische Zeitspanne. Zu dieser Zeit gab es noch keine Fotodokumente. Zuerst wird Martin hier vorgestellt als stolzer Reiteroffizier der römischen Armee. Er nahm sicher auch an kriegerischen Einsätzen teil, konnte mit dem Schwert umgehen. Die Begegnung Martins mit dem Bettler wurde dann zum Wendepunkt in seinem Leben. Im Traum erschien Jesus als der Bettler und erinnerte Martin an das Gebot der Nächstenliebe, dem er im aufstrebenden Christentum begegnet war. „Was ihr dem geringsten meiner Brüder getan habt, das habt ihr mir getan", heißt es bei Mt 25,31–46. Die Kinder erfahren dabei von den Beweggründen Martins, vom Soldaten im Dienst des römischen Kaisers in Gottes Dienst zu wechseln, damit die Handlungssymbolik des Teilens nicht als oberflächliches Klischeehandeln erscheint. Er kehrt der Armee als „Kriegsdienstverweigerer" seiner Zeit den Rücken, lässt sich taufen und zum Priester weihen, wird zum Bruder der Armen und als solcher später zum Bischof von Tours ausgerufen. Auch in diesem Amt widmet er sich der „Caritas" und setzt deutliche Zeichen der Barmherzigkeit Gottes.

Lernmöglichkeiten

Die Auseinandersetzung mit der Bildergeschichte eröffnet den Kindern erzählerisch wichtiges Hintergrundwissen zur Person und Vita des heiligen Martin. Entweder wird die Geschichte (➡ M 3) zunächst ohne Buch vorgetragen oder die Bilder im Buch (S. 24–25) werden Schritt für Schritt mit den Kindern betrachtet und narrativ entwickelt. Vorgezeigt werden die wichtigsten Stationen im Leben Martins. Die Kinder erfahren dabei nicht nur die Geschichte von der Mantelteilung – sie wird den meisten Kindern aus dem Kindergarten bekannt sein – sondern sein ganzes Lebenswerk. Die Bilder auf einer Ebene sind nun auch als Gegenbilder zu lesen: Der Offizier (links oben) steigt ab von seinem hohen Ross (rechte Seite). Der Kriegsdiener des Kaisers (links) bekehrt sich zum Diener Gottes in der Taufe (rechts). Die Schlüsselbegegnung mit dem Bettler (links) wird zum Lebensprogramm Martins (rechts).

Das Traumgesicht Martins ist im Bild nur schwer darstellbar. Sieger Köder hat eine zum Stil der Bildgeschichte passende Tuschezeichnung gestaltet („Heiliger, Martin und Christus"), die herangezogen werden könnte, wenn nach dem eigentlichen Beweggrund für den radikalen Gesinnungswandel Martins gefragt wird.

Im Kontext der Samaritergeschichte finden Kinder nun Parallelen heraus und stoßen dabei auf den Traum als Handlungsmotiv Martins in der Nachfolge Jesu.

Alternativen zur Nachgestaltung:

- Kinder erzählen die Geschichte mithilfe der Bildszenen nach.
- Die Legende von der Mantelteilung (➡ M 4) wird in den Mittelpunkt gerückt und in ein szenisches Spiel (z. B. Schattenspiel) verwandelt.
- Aus den Nachgestaltungsversuchen der Kinder in Bild und Szenenspiel wird ein Baustein für eine spätere Martinsfeier oder einen Schulgottesdienst.

Zum Schluss der Stunde malen wir auf einen großen, roten Martinsmantel (aus Tonpapier oder Stoffrest) mit weichen Kreiden, was wir mit anderen teilen können, v. a. auch ideelle Werte. Der Martinsmantel mit einem großen Herz in der Mitte wird im späteren Spiel sichtbar im Raum aufgehängt oder im Gottesdienst zum Altartuch.

Mit einem Martinslied klingt die Stunde aus.

Weitere Anregungen

- Die Kinder berichten von eigenen Erlebnissen rund um die Martinsgeschichte.
- Die Klasse besucht eine Martinskapelle oder Kirche in der Nachbarschaft.
- Weitere Geschichten aus der Lebenswelt der Kinder werden als Kontexte zur Martinslegende erzählt.
- Die Kinder beschriften eine Kopie der Buchseiten mit den Bildern der Martinsgeschichte mit Untertiteln oder malen sie nach oder aus.

4. träumen + trauen

Leitmedium: „Mit dem Herzen sehen" (SB S. 26–27)

Als Leitmedium bietet das Bild zwei Schwerpunkte für den Betrachter: Zuerst springt der Herzseher mit seiner auffälligen Brille ins Auge. Wörtlich genommen blickt er durch eine rosarote Herzbrille in die Welt. Lässt er sein Herz sprechen? Was hat es zu sagen? Tatsächlich ist es Ansichtssache, aus welcher Perspektive wir auf andere schauen. Träume von einem friedvollen Zusammenleben werden nur wahr, wenn man sich auch traut, seinen Traum zu leben – wie Martin es vorgelebt hat. Man kann schnell wegschauen, von oben auf jemanden herabsehen oder sich von ihm wütend abwenden. Wer gelernt hat, mit dem Herzen zu sehen, entwickelt ein positives Welt- und Menschenbild. Dem ist der andere, v. a. der Leidende, nicht einerlei.

Werfen wir einen Blick auf die drei Kinder in exemplarischen Befindlichkeiten: in Trauer und Schmerz, in Wut und Verzweiflung und in Armut und Hilflosigkeit. Wir sehen sie an mit oder ohne Herzbrille? Welche unterschiedlichen Sichtweisen eröffnen sich zunächst aus eigener Perspektive? Was wäre, wenn jemand den Protagonisten auf der rechten Bildhälfte diese sonderbare Brille aufsetzen würde? Könnte sich deren Lebenssicht dadurch zum Positiven verändern? Jesus öffnete dem Blinden die Augen, indem er ihm den Glauben an Gott wiedergab: Dein Glaube hat dir geholfen!

Lernmöglichkeiten

Betrachten wir zunächst nach einer Einstimmung, z. B. mit einem Martinslied, den Jungen mit der Herzbrille. Was fällt uns daran auf oder dazu ein? Wie schaut es sich durch diese Brille? Worauf lenkt sie unser Augenmerk? Kann jeder so eine Brille tragen oder bei Bedarf absetzen? Stellen wir uns die Brille am Ende symbolisch vor als eine Möglichkeit, mit anderen Augen zu sehen, mit den Augen des Herzens.

Als weiterer Sprechanlass zeigen die Motive drei typische Gefühlszustände von Kindern auf. Wir lesen die Gefühlslage in den Gesichtern der Kinder ab und überlegen uns mögliche Hintergründe:
- Was mag da passiert sein?
- Was haben die Kinder wohl erlebt?
- Worauf warten sie?
- Was werden sie tun?
- Fühlst du dich auch manchmal so? Erzähl es uns.

Die Bilder sollen Kinder anregen, von Begegnungen mit Menschen zu erzählen, die ihnen in Krisensituationen geholfen haben, von schwächeren oder hilflosen Menschen in ihrem Nahbereich, von Träumen, die sie beflügelten, etwas Gutes zu tun, von der Stimme des Herzens, die sie in einem bestimmten Augenblick vernommen haben, Augenblicke, die ihnen nachgegangen sind oder die sie nicht teilnahmslos ließen, sondern bewusst zum Helfen bewegt haben. Als zusätzlichen Anreiz bringen wir die Impulskärtchen (▶ M 6) mit weiteren Motiven ins Spiel. Je 2–3 Kinder überlegen sich eine kurze Stegreifszene zu einem der Motive und spielen sie den anderen vor. Einfache Requisiten zur Auswahl können die Fantasie beflügeln: Ball, Schokoladentafel, Kuscheltier, zerbrochenes Spielzeug ...

Die Herzbrille kann ins Spiel gebracht werden, wenn die Lage brenzlich wird, ein Ausweg, Trost oder Hilfe gesucht wird. Wir fragen uns: „Wie geht das Spiel weiter, wie verändert sich die Lage, wenn man versuchsweise mit dem Herzen sieht?" Die Kinder können die Herzbrille (▶ M 5) aufsetzen. In welchen Augenblicken wünschen sich die Kinder eine solche Herzbrille? Wann hoffen sie, dass andere sie mit einer solchen wahrnehmen? Ist der unmittelbare Erfahrungsraum der Kinder erschöpft, bieten sich das Erzählen einer entsprechenden Geschichte von guten oder harten Herzen, das Sterntaler-Märchen oder die Bergpredigt zum Träumen und Fantasieren an.

Eine kleine Traumreise mit der Herzbrille schließt diese Sequenz ab: Wir reisen zu einem Menschen,
- der uns heute braucht und auf uns wartet.
- den man besonders lieb hat.
- an dessen Hilfe man sich erinnert.
- dem man einmal geholfen hat.
- der sich sehr über die Hilfe gefreut hat.

5. glauben + (be)kennen

Leitmedien: Gegenstände oder Abbildungen des Brauchtums rund um Sankt Martin werden in den Lernmittelpunkt gerückt.

Die Kinder erinnern sich an das Martinsfest und bringen ihre eigenen Erfahrungen zum Lernmittelpunkt ein. Geschichtenbücher über Martin, Bilder oder Internet-Informationen können aufgeschlagen werden, um noch mehr vom Brauchtum zum Martinsfest und der Vita des Heiligen zu erfahren. Hier bietet – falls nicht schon im Zusammenhang mit der Lebensgeschichte Martins geschehen – die Legende von der Berufung zum Bischof Erklärungshilfe für das Brauchtum um Sankt Martin (Gans, Brezel).

Lernmöglichkeiten

Angeregt durch die konkreten Leitmedien tragen wir zunächst unser eigenes Wissen über Martin von Tours zusammen, suchen nach weiteren Informationen und Legenden (▶ M 7), die sich um ihn ranken und fragen nach dem Ursprung und Sinnzusammenhang des Brauchtums. Die ein oder andere weniger bekannte Legende kann ebenfalls erzählt werden. Die zeitliche Einordnung ist für Erstklässler nur im Ansatz denkbar. Ein Gespür für den langen Zeitraum der Martinsver-

> **Martin von Tours**
>
> Martin kam um das Jahr 316 als Sohn eines römischen Offiziers in Sabaria, einem römischen Militärstützpunkt in Pannonien, dem heutigen Szombathely in Ungarn, zur Welt. „Martinus", das heißt soviel wie „kleiner Mars", wurde also als Kind dem Kriegsgott Mars unterstellt. Dennoch sind frühe Annäherungen Martins zum Christentum überliefert, das seit dem Toleranzedikt von Mailand 313 gerade als Staatsreligion gleichberechtigt anerkannt war. Mit 18 Jahren war Martin schon zum Offizier befördert und diente in Amiens, im römisch verwalteten Gallien. Hier am Stadttor spielte wohl auch die Begegnung mit dem Bettler im Jahr 334, die Martin im Traum nachging, ihn so nachhaltig verwandelte und seinen Entschluss reifen ließ, aus der Armee auszutreten, um fortan – statt mit dem Schwert für den Gottkaiser – mit dem Herzen Menschen für Gott zu erobern. Konsequent ließ er sich Ostern 334 als Christ taufen und verweigerte wenig später zu Worms den Kriegsdienst. Er gründete eine klösterliche Bruderschaft unter den Arbeitslosen und Obdachlosen am Rande der Stadt. In Tours berief man ihn 371 auf Drängen des Volkes gegen seinen Willen zum Bischof. Er übte sein Amt bis ins hohe Alter von 80 Jahren mit einer solch überzeugenden caritativen und charismatischen Ausstrahlung aus, dass man ihn seit seinem Tod am 8.11.397 in Comdes als wohl den beliebtesten Heiligen nicht nur in Europa hoch und heilig hält; übrigens als ersten Heiligen der Christenheit, der nicht als Märtyrer starb. Der 11. November als Begräbnistag in Tours wurde zu seinem Gedenktag und leitete über Jahrhunderte die ursprünglich 6-wöchige Adventszeit ein.
>
> Das Wort Kapelle geht zurück auf den geteilten kleinen Mantelrest (= Chapelle lat. capella als Verkleinerungsform von cappa = Mantel), der als Reliquie dem Aufbewahrungsort Sainte-Chapelle in Paris den Namen gab und fortan den vielen kleinen Gedenkstätten am Wegesrand.

ehrung kann jedoch dabei entstehen. Auch die Frage nach der Bedeutung des Titels Heiliger oder Sankt Martin kann angesprochen und beantwortet werden: Heilige sind Menschen, durch die Gottes Liebe in der Welt spürbar wird – wie Motive von Kirchenfenstern durch das Licht der Sonne erst sichtbar werden. Die Lesefähigkeiten sind meist noch nicht so entwickelt, dass Kinder sich selbst Informationen erarbeiten können. So bietet sich das Lehrgespräch hier an, ausgehend von den konkreten Anschauungsobjekten und Selbsterfahrungen der Kinder mit dem Martinsbrauchtum. Mit diesem Hintergrundwissen machen wir uns dann an die Gestaltung.

Mögliche Ideen:
- Eine Martinslaterne gestalten mit typischen Martinsmotiven wie Herz, Brezel, Mantelteilung, Gans.
- Einen „Martinsmantel" mit seinen Lebensdaten und Taten gestalten und als plakativen Wandschmuck aushängen.

6. leben + gestalten

Leitmedium: Lied „Viele kleine Lichter" (SB S. 28)

Das Lied „Viele kleine Lichter" greift das Herzanliegen Jesu auf, Gottes Liebe hinauszutragen in die Dunkelheit: „Ihr seid das Licht der Welt!" (Mt 5,14 ff, 1 Thess 5,5). Der Laternenzug bekommt so einen verkündigenden Charakter, die Lichter in den Laternen der Kinder Signalfunktion. Sie machen aufmerksam auf die Menschen, die im Schatten stehen, sie beleuchten auch die dunklen Winkel, machen sichtbar, dass Gottes Liebe allen Menschen zugesagt ist. Wir zeigen eine Lichtroute des guten Willens, kleine Hoffnungsfunken und zusammengenommen eine Milchstraße am Himmel der neuen Erde. Das ist mehr als Halloween und Halogen. Die vielen kleinen Lichter, die sich hinter dem leuchtenden Vorbild Martin von Tours aufmachen und ihm begeistert folgen, bewegen im Herzen vielleicht mehr als die „großen Lichter" am Starhimmel unserer Zeit.

Lernmöglichkeiten

Nach dem Einsingen mit traditionellen, bekannten Martinsliedern wird das neue Lied „Viele kleine Lichter" im Schülerbuch erarbeitet, weitere Strophen befinden sich hier im Handbuch (➡ M 9). Musikalisch bietet das Lied mehrere Variationsmöglichkeiten. Der Kehrvers sollte zuerst einstudiert werden. Dazu wiederholen die Kinder zunächst mehrfach Zeile für Zeile. Der Melodiebogen über dem Wort „erstrahlen" braucht sicher einige Übung, bis er im Ohr ist. Später versuchen wir, den Kehrvers als Kanon zu singen, wenigstens in zwei Stimmen. Ein Ostinato über die vier Grundakkorde mit Orffschem Instrumentarium ist denkbar (fächerübergreifend mit Musik). Sinnvoll ist es dann, den Text des Liedes schrittweise zu erarbeiten und den Aussagegehalt der Strophen zu besprechen, Bilder dazu zu gestalten oder große Gesten zu entwickeln und einzustudieren.

Die Strophen sollten zunächst nur vorgetragen werden, bis auch sie geläufig sind und von allen Kindern

mitgesungen werden können. Strophe und Kehrvers klingen auch parallel gesungen harmonisch, sodass Kinder zur Strophe die Melodie des Kehrverses summen, singen oder spielen könnten. Am Ende sollte das Lied im Kehrvers als Kanon ausklingen.
Wem das Singen nicht liegt, findet vielleicht eine Gelegenheit, mit Kindern Martinsbrezeln zu backen und in einer kleinen Andachtszeremonie miteinander zu teilen (➡ M 10).

Weitere Anregungen

- Ein anderes oder mehrere bekannte Martinslieder anstimmen und für den Martinszug üben.
- Ein Laternenfest, eine Martinsfeier oder Andacht mit Martinszug vorbereiten und durchführen.
- Ein Schattenspiel oder Szenenspiel zu einer Martinslegende gestalten und anderen Gruppen, im Kindergarten, beim Martinsfest oder den Eltern vorspielen.

Materialien

M 1: Abend

Der frühe Abend schloss den Tag behutsam in sich ein. Bibi wusste noch die Gerüche des Tages und seine Klänge. Neben dem Blumengeschäft war der Zigarettenautomat. Bibi warf das Geld ein und zog die Zigaretten für ihren Vater.
Als sie schon fast zu Hause war, kam ihr der Mann entgegen. Der Mann war groß und dünn und unrasiert. Die Ärmel seiner Jacke waren ihm zu lang und die Hose zu kurz. Irgendetwas stimmte nicht mit diesem Mann. Er konnte nicht richtig gehen. Er schwankte und stolperte. Einmal hielt er sich an einer Laterne fest.
Die Leute, die vorübergingen, schüttelten die Köpfe oder lachten. Bibi fand es nicht komisch, wenn einem Menschen die Beine wegrutschten. Vorsichtig ging sie hinter dem Mann her. Jemand müsste ihm helfen, dachte sie.
Der Mann machte noch ein paar Schritte. Dann setzte er sich auf die Bordsteinkante. Bibi setzte sich in einiger Entfernung neben ihn und blickte ihn unter gesenkten Wimpern her an. Zuerst fuhr der Mann mit seinen Händen in der Luft herum. Dann wurde er still. Bibi rückte ein bisschen näher. „Da", sagte sie und reichte dem Mann die Zigaretten. Ihr Vater würde es schon verstehen. Der Mann nahm die Zigaretten und fuhr sich mit dem Handrücken durchs Gesicht. Seine Fingernägel waren lang und schmutzig.
Bibi und der Mann blickten sich an. Der Mann war krank. Bibi versuchte ein Lächeln. Ein Polizeiwagen hielt neben ihnen. Zwei Polizisten stiegen aus. „Er hat nichts getan", sagte Bibi. „Er ist betrunken", sagte der eine Polizist. Sie griffen dem Mann unter die Arme und schoben ihn in ihr Auto. Ein paar Leute sahen zu. „Er ist krank", sagte Bibi. „Er muss ins Bett." „Der hat kein Bett", sagte der zweite Polizist. Dann schloss er die Wagentür, und sie fuhren ab. „Das gibt es doch nicht", sagte Bibi, „dass einer kein Bett hat."

Gina Ruck-Pauquèt

M 3: Das Leben des heiligen Martin von Tours

Bild 1:
Martin ist vor vielen hundert Jahren als Sohn eines römischen Offiziers geboren. Er wächst unter Soldaten auf und lernt so das Leben in der Armee von klein auf. Schon mit 18 Jahren wird er Offizier des mächtigen Kaisers von Rom. Er kommt viel herum in der Welt. So hört er auch von den ersten Christen. Sie erzählen wunderbare Geschichten von Jesus. Martin hört gerne zu, wenn sie von ihm und von Gott sprechen.

Bild 2:
Martin will mehr von Jesus erfahren und denkt oft an ihn: „Liebt eure Feinde, tut Gutes denen, die euch hassen!", hat Jesus gesagt. Das geht Martin nicht mehr aus dem Sinn. Besonders muss er an diesen Satz denken, wenn er für den Kaiser in Rom als Soldat in den Kampf zieht. Ist es richtig, Soldat zu sein? Darf ich Menschen mit dem Schwert bedrohen und im Namen des Kaisers töten?

Bild 3:
Eines Abends reitet Martin mit seinen Kameraden heimwärts durch die eiskalte Nacht. Plötzlich scheut sein Pferd. Als Martin sich umschaut, sieht er im tiefen Schnee einen kauernden Mann. Leblos starrt er ihn an. „Mein Gott! Der arme Kerl!", schießt es Martin durch den Kopf. Der friert sich ja zu Tode in seinen zerschlissenen Lumpen!" Bevor er sich versieht, reißt sich Martin die Manteldecke von der Schulter, die ihn selbst vor der klirrenden Kälte schützt, zieht sein Schwert und teilt sie mittendurch. „Da, nimm!", sagt er, reicht die wärmende Deckenhälfte dem Bettler hin, wirft sich den Rest wieder um und reitet schnell den anderen nach. Die begrüßen ihn spöttisch: „So blöd möchte ich auch mal sein und für so einen Kerl meinen Mantel opfern, hahaha!", lachen sie ihn aus.

Bild 4:
Doch Martin hört gar nicht richtig hin. Der Bettler hat sein Herz berührt. Ganz nachdenklich ist er.
In der Nacht schreckt er aus einem Traum auf: Der Bettler erscheint ihm wie Jesus: „Was du dem Nächsten, dem frierenden Bruder getan hast, das hast du mir getan!" Das überzeugt ihn: Martin will diesem Jesus ganz und gar nachgehen. Er tritt aus dem Kriegsdienst des römischen Kaisers aus und stellt sich fortan ganz in Gottes Dienst.

Bild 5:
Martin lässt sich taufen auf Jesu Namen und wird Christ. Er geht zu den Armen vor den Toren der Stadt und hilft ihnen, wo er nur kann. Er weiß, wie man Hütten baut, besorgt etwas zu essen, pflegt Kranke, bettelt für sie und teilt sein Leben mit ihnen. Er erzählt ihnen von Gottes großer Liebe zu den Menschen. Durch ihn lernen auch sie die Bibel kennen. Gottes Wort gibt ihnen wieder Lebensmut. So wird Martin als Diener Gottes zum Priester geweiht und gründet eine Klosterbruderschaft.

Bild 6:
Als der Bischof von Tours stirbt, rufen die Armen, um die sich Martin so tatkräftig gekümmert hat, ihn zum Bischof aus. Sie sagen: „Martin wird als Bischof erst recht für uns da sein, für Gerechtigkeit eintreten, denn er weiß um unsere Nöte und die Liebe Gottes."
In der Tat lebt Martin auch als Bischof genau so, wie Jesus es gesagt und getan hat. Martin stirbt im Jahr 397. Doch die Menschen vergessen ihn nicht. Wir halten ihn bis heute hoch und heilig. Darum feiert die Kirche Sankt Martin jedes Jahr am 11. November, an dem Tag seiner Beerdigung.

M 4: Die Legende von der Mantelteilung

Martinus, „kleiner Mars", nannten ihn seine Eltern und weihten ihn dem römischen Kriegsgott, dessen Stern wir heute noch als Planeten am Himmel entdecken können. Auch der Monatsname März erinnert daran. Denn Martin war Sohn eines römischen Hauptmanns, wuchs unter Soldaten auf und wurde schon in jungen Jahren selbst Soldat in der römischen Armee. Als er im Ausland eingesetzt war, begegnete er Menschen, die sich zu Christus bekannten. Er hörte ihnen neugierig zu, wenn sie begeistert von Jesus erzählten. Gottes Sohn nannten sie ihn sogar. „Größer als der Kaiser in Rom und mächtiger als der Kriegsgott Mars ist er", sagten sie, „denn er hat die Herzen der Menschen erobert allein mit der Kraft der Liebe, die von Gott kommt". Sogar den Tod hat er am Kreuz besiegt! Deshalb wollten auch sie zu ihm gehören und ihm nachfolgen. Sie strahlten eine so große Lebensfreude und Hoffnung aus, dass sich Martin ihr nicht verschließen konnte. Das ging Martin tief ins Herz und ließ ihn immer wieder über Jesu Worte nachdenken: „Wer Gott dienen will, der muss mit dem Herzen sehen lernen." Jesus achtete selbst den Ärmsten als Kind Gottes und teilte Freude und Leid mit denen, die ihm begegneten. „Denn Gott will Gerechtigkeit für alle. Und das geht nur, wenn jeder bereit ist, mit dem Hungernden das tägliche Brot zu teilen und dem Nächsten in der Not zu helfen", hatte Jesus gesagt.

Eines Abends war Martin nach einem langen und harten Soldatentag auf dem Weg zurück zur Kaserne. Eisiger Wind pfiff ihm um die Nase, denn eben war der Winter hereingebrochen und hatte die Landschaft in eine Eislandschaft verwandelt. Die dicke Wolldecke, die er sich als Mantel schützend über die Schultern gelegt hatte, hielt seinen Körper warm. Da bemerkte Martin am Wegesrand eine leblose Gestalt. Ein Bettler hockte mit nackten Beinen im Schnee. Mit großen, bittenden Augen flehte er um Hilfe. Martin war tief getroffen, riss sich ohne zu zögern die wärmende Decke von der Schulter, zog sein Schwert und schnitt den Mantel in zwei Teile. Eine Hälfte reichte er wortlos dem armen Mann.

„Was ihr dem geringsten meiner Brüder getan habt, das habt ihr mir getan!", hatte Jesus einst gesagt. Daran musste Martin beim kurzen Blick in die Augen des Bettlers denken. Dieser Blick ging ihm lange nach und verfolgte ihn bis in den Traum. Er war überzeugt: In dem Bettler war ihm Jesus begegnet. Und obwohl Martin nur noch die halbe Manteldecke zum Zudecken hatte, wurde ihm ganz warm ums Herz.

M 2: Nimm mich in deinen Arm

© Wolfgang Gies

Refrain: Herr, erbarme dich, mein Gott erbarme dich! Komm und nimm mich in deinen Arm!
Mensch, erbarme dich, mein Gott, umarme mich! Nimm mich in deinen Arm!

1. Geplündert und beklaut, geschlagen, ausgeraubt, halbtot am Wegesrand.
Sie sind einfach weggerannt! Kommt hier kein Mensch vorbei, nicht Arzt noch Polizei?
Hört keiner, wie er weint, wie er laut um Hilfe schreit? Oh, mein Gott!

2. Da nähert sich ein Mann. Ob er ihm helfen kann? Sieht er ihn hier halbtot, ganz allein in großer Not? Halt an, geh nicht vorbei! Bin ich dir einerlei? Willst du mich übersehn? Einfach schnell vorübergehn? Oh, mein Gott!

3. Ein Priester kommt vorbei, hört seinen dumpfen Schrei. Sieht den verletzten Mann, sieht ihn, doch er hält nicht an! Darf das denn möglich sein? Er lässt den Mann allein! Nein, das versteh ich nicht, der auch lässt den Mann im Stich! Oh, mein Gott.

4. Die Wunden schmerzen sehr, das Atmen fällt ihm schwer. Da kommt doch noch einer! Was denn? Nur ein Ausländer? Der sieht den armen Mann und hält sein Lasttier an, holt Pflaster und Verband und dann reicht er ihm die Hand! Oh, mein Gott!

M 5: Herzbrille (Bastelvorlage)

M 6: Mit dem Herzen sehen (Impulskarten)

M 7: Wer zum Schwert greift

„Wer zum Schwert greift, wird durch das Schwert umkommen!" Das hatte Jesus einst gesagt. Jetzt war Martin auf einmal klar, was diese Worte für ihn bedeuteten. Seit er sich näher mit diesem Jesus von Nazaret beschäftigte, kamen ihm mehr und mehr Bedenken, Soldat zu sein. Doch er kannte nichts anderes als das Soldatenleben. Er hatte in mancher Schlacht erfolgreich gekämpft. Aber war es das, warum er lebte? „Liebet eure Feinde!", hat Jesus gesagt. Diese Mahnung Jesu geht ihm nicht mehr aus dem Sinn. Morgen soll er gegen die Germanen in den Kampf ziehen. Kaiser Julian hat eine große Armee zusammengestellt. Die Feinde haben keine Chance. Ein fürchterliches Blutbad wird es geben. „Du sollst nicht töten!" An dieses Gebot denkt Martin, als er aufgerufen wird. Er soll eine Auszeichnung in Empfang nehmen, wie üblich vor großen Schlachten. Als Martin vortritt, ist seine Entscheidung gefallen: „Bis heute habe ich dem Kaiser in Rom treu gedient", sagt er bestimmt und ohne Angst, „gestatte nun, dass ich jetzt Gott diene! Ich kann um Christi Willen nicht dabei mitmachen, wenn Menschen getötet werden!" Der Vorgesetzte reagiert wütend und schimpft ihn einen Feigling. „Nein, nicht aus Feigheit will ich mich weigern, zum Schwert zu greifen. Ich bin bereit, morgen als erster in die Schlacht zu ziehen und alle Soldaten anzuführen: Doch ohne Schwert, ohne Waffen will ich vorangehen!"

Am anderen Morgen kommt es jedoch nicht mehr zum Kampf. Die Germanen sind wegen der großen Übermacht der Römer zurückgewichen. Martin aber – so steht es in dem alten Buch, in dem auch seine Begegnung mit dem Bettler geschildert wird – trat aus der Armee aus und teilte sein Leben fortan mit den Besitzlosen. Er ließ sich taufen und wurde Priester.

M 8: Zeittafel Martin von Tours

Martin von Tours († 8.11.397)

336	Martin wird in Pannonien (Ungarn) geboren, wächst auf in Pavia.
351	Martin wird Soldat, dient unter Kaiser Konstantinus 351–361 als Tribun (= Oberst) in der Gardereiterei.
354	Martin wird in Amiens (Frankreich) getauft.
356	Martin scheidet unter Kaiser Julian (355–363) bei Worms aus dem Militärdienst aus.
360	Martin gründet unter dem Einfluss des heiligen Hilarius von Poitiers das erste Kloster Galliens.
371	Bischofsweihe in Tours
372	Martin gründet das Kloster Marmoutier in der Nähe von Tours.
vor 375	Martin besucht Kaiser Valentinian (364–375) in Trier
380	Kaiser Theodosius (378–395) erklärt das Christentum zur Staatsreligion.
384	Bischof Ambrosius von Mailand und Martin von Tours treten bei Kaiser Maximus (383–388) in Trier für Priszillian und seine Anhänger ein.
385	Priszillian und seine Anhänger werden in Trier hingerichtet. Martin kommt wieder nach Trier, um Fürbitte für sie einzulegen.
8.11.397	Bischof Martin stirbt in Candes, wird am 11.11.397 in Tours begraben.

Die Umsetzung der verbindlichen Unterrichtsgegenstände des Lehrplans in „Ich bin da 1"

Ich bin da 1 ↓	Bereiche des Faches →	3.1 Ich, die anderen, die Welt und Gott	3.2 Religion und Glauben im Leben der Menschen	3.3 Das Wort Gottes und das Heilshandeln Jesu Christi in den biblischen Überlieferungen	3.4 Leben und Glauben in Gemeinde und Kirche	3.5 Maßstäbe christlichen Lebens
1. Ich		■ Die Einmaligkeit jedes Menschen ■ Leben in Freude und Angst ■ Gottes Ja zu jedem Menschen		■ Prophetenworte, hier Jes 43,1		■ Verantwortung erkennen und übernehmen ■ Schuld erkennen – Vergebung erfahren ■ Sich an Vorbildern orientieren
2. Gott suchen		■ Gottes Ja zu jedem Menschen ■ Woher kommen wir? ■ Wer sind wir? ■ Wohin gehen wir? ■ Fragen und Antworten aus dem Glauben an Gott	■ Zeichen und Symbole „sehen" und „hören" ■ Bilder und Bildworte lesen ■ Bilder in Religion und Glauben	■ Worte aus Psalm 23		
3. Ich – du – wir		■ Erfahrungen im Zusammenleben mit anderen: Gemeinschaft, Geborgenheit, Konflikte …	■ Gemeinschaft in der Familie, der Klasse, der Gemeinde ■ Miteinander reden – sich einander anvertrauen	■ Ansprüche und Hilfen in der Botschaft Jesu	■ Gemeinschaft in der Klasse ■ Wenn Gemeinschaft nicht gelingt ■ Da sein für andere ■ Feste in der Gemeinschaft	■ Die Auswirkungen des Verhaltens für das eigene Leben und das Leben anderer
4. Sehen lernen		■ Die Einmaligkeit jedes Menschen ■ Gottes Ja zu jedem Menschen ■ Menschliche Fürsorge – Zeichen der Liebe Gottes ■ Leben in Freude und Angst ■ Die Zuwendung Jesu zu den Menschen	■ Zeichen und Symbole „sehen" und „hören" ■ Bilder und Bildworte lesen ■ Symbole, Bilder und Musik in Religion und Glaube ■ Jesu Botschaft von Gott in Gleichnissen	■ Begegnungsgeschichten ■ Die goldene Regel – Hilfe für das Zusammenleben	■ Gemeinschaft in der Familie, der Klasse, der Gemeinde ■ Da sein für andere ■ Rituale und gemeinsame Feste	■ Fehler und Versagen im menschlichen Leben ■ Ansprüche und Hilfen in der Botschaft Jesu ■ Lebensspuren beispielhafter Menschen: helfen, teilen, sich für andere einsetzen ■ Heilige – beispielhafte Menschen in christlicher Tradition

Ich bin da 1 ↓	Bereiche des Faches →	3.1 Ich, die anderen, die Welt und Gott	3.2 Religion und Glauben im Leben der Menschen	3.3 Das Wort Gottes und das Heilshandeln Jesu Christi in den biblischen Überlieferungen	3.4 Leben und Glauben in Gemeinde und Kirche	3.5 Maßstäbe christlichen Lebens
5. Advent			■ Zeichen und Symbole „sehen" und „hören"	■ Erzählungen um die Geburt Jesu (Verkündigungserzählung)	■ Feste in der Gemeinschaft ■ Fest im Kirchenjahr – Erinnerungen an Gottes Zuwendung	■ Lebensspuren beispielhafter Menschen: helfen, teilen, sich für andere einsetzen ■ Die Heiligen – beispielhafte Menschen in der christlichen Tradition: Barbara, Nikolaus, Lucia
6. Jesus von Nazaret		■ Die Zuwendung Jesu zu den Menschen (Mk 10,13–16)	■ Zeichen und Symbole „sehen" und „hören"	■ Von Jesu Leben in Worten und Taten: Berufsgeschichten		
7. Die Bibel		■ Erfahrungen im Zusammenleben mit anderen		■ Begegnungsgeschichte: Zachäus		■ Fehler und Versagen im menschlichen Leben ■ Die wohltuende Erfahrung der Versöhnung untereinander ■ Jesu Botschaft von Gottes Vergebungsbereitschaft (Lk 19,1–10)
8. Gott ruft Menschen		■ Die Einmaligkeit jedes Menschen ■ Leben in Freude und Angst ■ Gottes Ja zu jedem Menschen	■ Miteinander reden – sich einander anvertrauen ■ Sich im Gebet Gott anvertrauen	■ Worte aus Psalm 91 ■ Samuel		

Ich bin da 1 ↓	Bereiche des Faches →	3.1 Ich, die anderen, die Welt und Gott	3.2 Religion und Glauben im Leben der Menschen	3.3 Das Wort Gottes und das Heilshandeln Jesu Christi in den biblischen Überlieferungen	3.4 Leben und Glauben in Gemeinde und Kirche	3.5 Maßstäbe christlichen Lebens
9. Beten lernen		▪ Leben in Freude, Angst … ▪ Gottes Ja zu jedem Menschen ▪ Die Welt um uns herum	▪ Miteinander reden – sich einander anvertrauen ▪ Sich im Gebet Gott anvertrauen ▪ Kindgemäße Liturgien – Segensfeiern ▪ Verschiedene Konfessionen und Religionen	▪ Worte aus Lob- und Klagepsalmen	▪ Rituale und gemeinsame Feste ▪ Gottesdienstliche Feiern im Jahreskreis	▪ Ansprüche und Hilfen in der Botschaft Jesu ▪ Fehler und Versagen im menschlichen Leben
10. Schöpfung		▪ Die Welt um uns herum ▪ Spuren von Gottes Schöpfung in der Welt ▪ Das Lob des Schöpfergottes	▪ Bilder und Bildworte „lesen" ▪ Symbole, Bilder und Musik in Religion und Glauben	▪ Gott erschafft die Welt ▪ Schöpfungserzählungen (Gen 1,31)		
11. Jesus erzählt		▪ Erfahrungen im Zusammenleben mit anderen: Gemeinschaft, Geborgenheit, Konflikte … ▪ Die Welt um uns herum ▪ Spuren von Gottes Schöpfung in der Welt	▪ Bilder und Bildworte „lesen" ▪ Miteinander reden, sich einander anvertrauen	▪ Worte Jesu vom Reich Gottes (Das Gleichnis vom Senfkorn nach Mt 13,31–32)		
12. Kirche		▪ Erfahrungen im Zusammenleben mit anderen: Gemeinschaft, Geborgenheit, menschliche Fürsorge – Zeichen der Liebe Gottes	▪ Zeichen und Symbole „sehen" und „hören" ▪ Symbole, Bilder und Musik in Religion und Glauben		▪ Gemeinschaft in der Familie, der Gemeinde ▪ Die Kirche – das Haus der christlichen Gemeinde	